メソメソ
卒業！

「心の闇《ヤミ》」をパワーに変える心理術

内藤誼人

Subarusya

●みんな黒い感情が渦巻いている！

どんな人の心にも、日々、ネガティブな感情がわくものだ。

「イライラする」

「あの人だけズルい」

「失敗すればいいのに」

「ざまあみろ！」

こうした「怒り」「嫌悪」「嫉妬」といった感情は「ネガティブな感情」のひとつである。

これらは、いずれも「黒い感情」であり、その一つひとつが澱《おり》のように溜まっていき、「心の闇」を形成している。

黒い感情はこの他にも、実にさまざまある。たとえば、不安、不快感、緊張、罪悪感、悲観的、臆病、復讐心などがあり、数え上げるときりがない。一見すると温厚そうに見えたり、善意のかたまりに見える人であっても、こうした感情は少なからずあるものだ。

いやむしろ、人間である以上、黒い感情がわいてくるのは当然のことである。

くれぐれも黒い感情を見ないようにしたり、ましてや否定したりしないでほしい。黒い感情は、あなたの絶対的な味方になり得るからだ。

●ポジティブ思考だけで、世の中は渡れない

黒い感情は、たいていひどい目に遭いそうなときにわき上がる。たとえば、イヤな奴や嫌いな奴を見ると、誰しも怒りや嫌悪感、場合によっては憎しみを覚えるのではないか。

これらの感情は、いわば「警報装置のような役割」を果たす。

すなわち、過去の苦い経験を思い出させ、「用心せよ」「やられっぱなしで、いてはいけない」と教えてくれているのだ。

このおかげで、より慎重かつ注意深く相手と接することができる。被害を受ける可能性を格段に減らすことができるのだ。

長く生きていれば、「人を信じよ」「前向きであれ」「素直が一番」「きっとうまくいく」といったポジティブ思考だけでは乗り切れないシビアな局面が多々出てくることは、経験ずみであろう。

断言する。ポジティブさだけで、世の中を渡ろうとするのは危険である。

そんなことをしたら、狡猾な人たちに都合のいい人として利用され、どんどん疲弊するであろう。

●黒い感情がもたらす、知られざる恩恵

私から言わせれば黒い感情を抱きやすい人ほど、物事の上っ面だけ見て、よしと判断するようなお人好しにならずにすむといえる。

むしろ、黒い感情があるからこそ、相手の本音にも気づきやすく、慎重かつ、節度をもって行動できる。人間関係を築く上でも大いにプラスに働くのだ。

本書では、欧米で行われている実験データをベースにして、さまざまな角度から、黒い

感情がもたらすプラスの側面を紹介し、私たちの生活にどのようなメリットをもたらしているのかをお話ししていく。

　たとえば、不安を感じやすい人ほど、相手に対してソツのない気配りある対応が取れるし、会話上手な傾向があることがわかっている。また、嫉妬深い人ほど結婚が早く、愛情表現が豊かだというデータもある。また、罪悪感が強い人は、いい先輩、いい上司、いい親になりやすい。周囲の人を幸せにする才能を秘めているのだ。

　黒い感情の中で、とりわけ強いパワーを秘めているのが、怒り、嫌悪、復讐といった感

情であろう。
そのひとつ、怒りについて見てみると、怒りっぽい人は意欲的な人が多く、どんな業種でも成功する可能性が高いことがわかっている。怒りは、粘り強く物事を成し遂げるパワーを生み出す原動力になりうるのだ。これは怒りだけにとどまらない。

近年、多くのネガティブ感情が、現状に変化を起こしたり、人生を上向きに変えるために、重要な働きをしていることがわかってきている。

●黒い感情を否定するな!

読者の皆さんには、ぜひ黒い感情を再評価し、活用することをお勧めしたい。
そのためにも、黒い感情を抱く自分を否定したり、卑下しないでほしいのだ。

「私は、ホントに怒りっぽい性格なんですよ。そんな自分が大嫌いなんです」

「私は、重度の小心者で、人前では一言も話せません。どうにかなりませんか？」

「私は、たえず嫌なことばかり考えてしまうんです。どうしたらいいんでしょうか？」


こんなふうに考えているとしたら、実にもったいないことである。もし、読者の皆さんがこのような悩みを抱えているのだとしたら、次のようにお答えしたい。


「何の心配もいりませんよ。というより、怒りっぽかったり、臆病だったり、不安感があることは、実は、とてもありがたいことなんですよ。自慢に思ったっていいくらいです」

「まずは黒い感情を否定せず、受け入れてください。それだけで、計り知れないパワーをもらえるはずですから！」と。

●パワーに変えるコツを会得しよう

一般に、「ネガティブなもの」として敬遠されている感情であっても、見方を変えれば、ものすごく大切な働きをしているんだよ、ということを本書を通じて論じていきたいと思う。

本書のタイトルをもう一度よく見てほしい。「心の闇のなくし方」ではない。「イヤな感情の消し方」でもない。「心の闇をパワーに変える」である。

心の闇は消すことはできないし、消すべき悪いものでもない。なぜなら、それは人間にとって役に立つものだからだ。

黒い感情をいかに建設的なパワーに変えてゆくか。
それを大真面目に考えていくのが本書の目的である。

黒い感情と付き合うコツさえ押さえれば、いつでも喜んであなたの味方になってくれるはずである。ぜひ、黒い感情がもたらす大きなメリットを享受していただきたい。

読み進めていただくうちに、読者の皆さんがコンプレックスに感じていることでさえ、違う観点から見てみれば、立派な美徳であることをご理解いただけるであろう。

本書を読み終える頃には、自分の中に、とてつもなく頼もしい味方がいることに気づき、自信がわいてくるはずである。

どうか最後までよろしくお付き合いいただきたい。

内藤誼人

二〇一八年三月吉日

序章

まえがき……3

「黒い感情」は、こんなに役立つ!

ネガティブな感情がもたらすメリットは?……22
黒い感情の活かし方にはコツがある!……25
人間は、ものすごい強さを持っている……29

黒い感情がわいてきたら、チャンスである！……32
「アドレナリン・ラッシュ」で行動的になれる……34
不安が「脳」を本気にさせる……39
怒りのおかげで精力的になれる……43
復讐心が強いオーラを生む……46
「失敗するとやる気をなくす」は間違い！……49
本書でお伝えしたいこと……53

第1章

クヨクヨ・ビクビクする「感性」を大事にせよ！

不安になるから先手を打てる！……56
気配りの達人ほど、不安の感度が高い……60
身だしなみにも、手を抜かない……64
このマメさが、人を喜ばせる……67
聞き役になれるので、誰とでも会話がはずむ……70
早く老ける人、老けない人はココが違う！……74
借りをつくりたくない人はこうする……77
コラム 不安になったときの対処法……80

第2章

内気、嫉妬深さは美徳である

なぜ、内気な人は好かれやすいのか？……84
相手との関係が長続きする秘訣とは？……88
嫉妬深さは、恋愛にプラスに働く！……92
結婚が早い人の特徴とは？……96
パートナーと幸せになれる秘訣……100

第3章

悔しさ、罪悪感をトコトン感じたほうがいい理由

ガンジーは、若い頃やんちゃだった……104
リーダーの資質とは？……108
自助精神はこうして育つ……112
「自分は偽善的だ」と自覚するメリットは？……117
悔しがらないと、人は成長しない……121

第4章

悲観的な人ほど、危機に強い！

「できない前提」で考えるからうまくいく！……126
事態が悪化する前に手を打てる……130
用心深さが成功を呼ぶ……133
愚直な人は意志が強い！……136
予期できるから、ストレスが減る……140
困難はすべて想定内！……143

第5章

コンプレックスを逆手に取る「世渡り術」

人の感じ方はコロコロ変わる……148
交渉ベタはこうする！……152
心配性な人ほど、勝者になれる……155
忘れっぽい性質を極めよ……159

自尊心が高い人は要注意!……162
自己主張しない人ほど、周りを動かせる……165
クリエイティビティは、ズルさにつながる……169
腰が重い人ほど回り道せずにすむ……172
「愛想がない人」は知的に見える……176
不道徳だが、心の平安を保てる方法……180
適度なウソで安心させよ……184

第6章

心に巣食うトラウマが、人をタフにする

社会不安が、人の絆を強くする……188

悲惨な経験から得るものは……192

深い心の傷を負った後でも立ち直れる……196

あとがき……200

装丁――渡邊民人（タイプフェイス）
デザイン・挿絵――草田みかん

序章

「黒い感情」は、こんなに役立つ！

ネガティブな感情がもたらすメリットは？

陰ながら助けてくれている働き者

私たちは誰しも、ネガティブな感情を感じながら生きている。

将来への不安や、失敗することへの恐れ、ズルい人間への怒りや、復讐心など、数え上げればきりがない。気軽に愚痴って忘れられるときもあるが、そうできないときもある。長年蓄積された感情であれば、なおさら難しいであろう。

このように心の奥底に沈み込み、澱のように溜まっている感情を総称して、私は「心の闇」と呼んでいる。そして、その一つひとつの感情が「黒い感情」である。

黒い感情とは、いわゆるネガティブな感情を指す。不安、怒り、嫉妬、失望感、臆病、嫌悪感、悲観的といった感情で、人前で大っぴらに表現することは憚《はばか》られる、隠すべき感情だとみなされている。これらの感情を感じてはいけないもの、として拒絶すればするほど、ストレスになり心の重荷になってしまう。

実に、残念なことである。なぜなら、黒い感情はもっと上手に活用できる可能性を秘めているからだ。

近年、ネガティブな感情にも、心の平静を保ったり、環境に適応したりするうえで、一定の役割を果たすことが指摘され始めている。私たちを陰ながら助ける働き者であることが

わかってきたのだ。

黒い感情がもたらすメリットは何か？
私たちはどんな恩恵を受けているのか？
こんな観点で見ていくと、想像以上に黒い感情のお世話になっていることに気づき、驚きを感じるはずである。

体というものはどんな部分も、みなそれぞれの任務を与えられている。だから、いらない部分はひとつもない。「何の役に立つんだろう？」という部分も、よくよく調べてみると、役立っている（あるいは、かつて人間の役に立っていた）ことがわかったりする。

同様に、人間の〝心の働き〟についても、いらない機能はひとつもない。

こうした見地に立って、本書では、ネガティブな感情が果たす役割やメリットに光を当てながら、適切な活用法についてお話ししていく。

黒い感情の活かし方にはコツがある！

頭ごなしに否定しない

黒い感情は、本来、私たちを助けてくれる働き者であるとお話しした。

だが、黒い感情を活用するときには、ちょっとした注意が必要だ。感情を否定したり、拒絶したりしてはマズいのである。

黒い感情は幼児のようなものである。泣きわめく3歳児を思い浮かべてほしい。子どもの言うことをハナから否定したり怒りつけたりすると、ますます面倒なことになっていく。

黒い感情も同じである。不快だからといって、頭ごなしに否定すると、どんどんふくらみ心の足かせになってしまうことがある。
そこで、黒い感情がわいてきたら、まずはその存在を認めてあげよう。

不安感がわいてきたときは、「私は今、不安なんだな」というように感情を受け入れてあげるのだ。

すると不安な気持ちはそれ以上増大しないばかりか、私たちの心や行動にある変化をもたらす。リスクを回避するために、いろいろな気づきを促したり、一歩踏み出すよう背中を押してくれるのだ。

「不安」のおかげで、スイッチが入る

たとえば、初対面の人に会ったり、新しい仕事を振られたりすると、多少なりとも不安を感じるのではないだろうか。コミュニケーションがうまくとれるか、あるいは仕事で失敗したりしないだろうか、といった様々なイメージが駆け巡るからだ。

だが、この不安のおかげで、最悪の事態を逃れることができる。

私たちは不安を感じると、どうなるのか？

たいていは不安を解消するために、最適な手立てをあれこれ考えるようになることがわかっている。

その結果、その場にふさわしい行動を取ることができ、好ましい成果を手にすることが可能になる。

もしも、不安を感じなかったら、どうなるだろうか？　楽観的な見方のもと、無計画なやり方で進めて信用をなくすのがおちであろ

う。その意味では、不安を感じることで、より努力できるようになる、といえるのだ。

これは不安だけに限らない。失敗して失意にあるときや、恐れを感じるようなとき、悲観的になっているときや、怒りや憎しみを感じているときなども同様だ。

いずれも危機に直面する前後でわいてくる、こうした感情のおかげで、頭がキリッとして心の中でスイッチが入る。「このままではいけない」「何とかしなくては」と感じて、何らかの手立てを講じるようになるのである。

ときには火事場の馬鹿力とでもいうべき力がわいてきて、見事、現状を打開していく例は枚挙にいとまがない。黒い感情のおかげで私たちが本来持っている粘り強さや、タフさが目覚めるといってもよいのである。

人間は、ものすごい強さを持っている

心の耐性は想像以上！

人は危機に直面すると、そこから脱するために持てる力を存分に発揮する。このタフさは、心にも当てはまる。

私たちは、ちょっとぐらいイヤな目にあっても、びくともしない強さを兼ね備えていることが研究によりわかっている。ぜひ自信を持ってもらいたい。

一般に人は、すぐにストレスを感じ、トラウマに悩まされるものだと考えられている。

けれども、コロンビア大学のジョージ・ボナノが調べたところ、現実には、私たちの心は、ものすごく強い「耐性」を持っている。そんなにやすやすとストレスに屈したりはし

ないというのだ。

ちょっと悪口を言われたくらいで、人はすぐに自殺してしまうのか。

上司にちょっと小突かれただけで、人はそれをトラウマにしてしまうのか。

絶対にそんなことはない、というのがボナノの分析である。私たちの心の耐性は、私たちが思っている以上に強い。自分ではそれに気づいていないだけである。

「あなたの心の悩みは、どれくらい継続すると思うか?」と尋ねると、たいていの人はその日数を過剰に推定する。なかには、「一生、継続する」と答える人もいる。しかし、たいていの悩みなど、2、3日もすれば解消されてスッキリするものであり、1ヶ月も続かない場合がほとんどなのだ。

失恋した直後は、気持ちが動揺したり、将来を悲観したりするかもしれない。

この心の痛みは、ずっと続くのだろう、と思うかもしれない。

けれども、現実には、数日、長くても1ヶ月もすれば、たいていは忘れてしまうものである。人間の心の耐性は、ものすごく強いのだ。

私たちは、「痛み」について、大げさに考えすぎている。

それでは、小さなトゲが手に刺さったからといって、泣きわめいている子どもと同じだ。トゲが手に刺さったくらいで、人は死んだりしない。

心の痛みについてもそうで、たいていの人が「悩み」だと思っていることも、現実には、一晩も寝れば解消される程度のものにすぎない。大げさに考えなければ、たいていの悩みは、すぐに消える。


私たちの心は、そんなにやすやすと壊れるものではないのだ。

少々の悩みなどは、簡単にはじき返してしまうほどの強さを持っているのである。であるから、黒い感情がわいてきても、敵視したり恐れたりすることは全くない。


黒い感情は、心を壊すために存在するわけではない。むしろその逆である。ぜひ黒い感情を毛嫌いせずに、頼もしい相棒として受け入れ、気長に付き合っていってほしい。

黒い感情がわいてきたら、チャンスである！

「ありがとう」という気持ちで迎え入れよう

私たちは、危機に瀕する前後で黒い感情がわいてくる。

そのおかげでスイッチが入り、「このままではいけない」「現状を打開しなくては」という気持ちになって、驚くほど粘り強く、タフになれるとお伝えした。

だからこそ、黒い感情がわいてきたら、「チャンス！」だと思ってほしいのだ。


不安を感じたら、「ラッキー！」である。

不安を打開するために頭がどんどん働き出すからだ。

怒りがわいてきたら「ウェルカム！」である。
粘り強く行動できるスイッチが入るからである。

罪悪感がわいてきたら「ありがとう！」である。
人に迷惑をかけずに行動する「自助の精神」が育つからである。

こんなふうに黒い感情を受け入れた途端、心の霧が晴れ、気持ちが軽くなるであろう。頭がどんどん冴え渡り、次々と望ましい行動をとれるようになっていく。

次項から、黒い感情をキャッチした後、私たちに起こりうるさまざまな変化や、結果的にもたらされるメリットの一例を紹介していく。知らず知らずのうちに受けている恩恵にお気づきいただけると幸いである。

「アドレナリン・ラッシュ」で行動的になれる

「臆病」な人ほど、リスク管理能力が高い

どんなに平静を装っていても、心の中ではクヨクヨメソメソしている、という人は少なくない。

「うまくいかなかったらどうしよう」

「失敗したらどうしよう」

こんな感情がわき出して止まらない。こんなときは、臆病な感情に支配されているといえるだろう。

だが、臆病であることを恥じる必要はない。臆病なおかげで、ある能力を発揮すること

ができるからである。その能力とは、危機を察知する力である。

ネコはとても臆病な動物である。スヤスヤと眠っているときでさえ、ほんのわずかな物音ですぐに目を開ける。それだけ危機察知能力が高いということでもある。

臆病であるからこそ、危険をあらかじめ察知し、避けることができる。リスク管理能力の高さこそ、臆病者の得意とするところだといえるであろう。

虚言を見抜く才がある！

臆病な人は、波風立たない落ち着いた人生を歩むことができる。リスクに巻き込まれることが決してないからである。危ない橋を渡るようなことをしないから、危機的状況に陥ることもないのである。

「会社なんて、遅刻したっていいじゃない。気まずい思いをするのは、オフィスに入った一瞬だけさ」と同僚に言われても、耳を貸すことはない。

そんなことをしていたら、評価がどんどん下がると思っているので、他の人がどれほど遅刻していようが、自分だけは遅刻しないように気をつけるからである。

「とても利回りのいい金融商品が出たんだ。リスクは高いけど、たいていの人は儲かるらしいよ」という、うまい話に乗ることもない。なぜなら、少しでもリスクがあることには手を出さないからである。かりに「儲かる」と言われても、少しでもリスクがあるのなら、最初から心を動かされないのだ。

人並み外れた力が出る「アドレナリン・ラッシュ」とは？

臆病な人は、何の行動も起こせない人だと思われがちであるが、それは違う。

臆病な人は、危機を避けることに対しては、ものすごく行動的になれる。決して行動しないわけではない。

危機意識があると、人はとんでもなく力を出せることが知られている。

これを心理学では、「アドレナリン・ラッシュ」と呼んでいる。

2000年のシドニー・オリンピックのトライアスロン競技において、なぜか水泳だけパーソナル・ベストを更新する選手が続出して、関係者を驚かせたことがある。

なぜ、水泳だけ飛びぬけて記録がよかったのか。

その理由は単純だ。シドニー湾にはサメがいると思われていて、選手は危機を避けるために全力で泳いだからである。

私たちは、「危ない!」という状況におい

ては、身体を活性化させるアドレナリン（エピネフリン）というホルモンが分泌されるのだ。これがアドレナリン・ラッシュである。

臆病な人は、危機を避けるためには、とんでもなく行動的になれるわけであるが、それはアドレナリン・ラッシュが起きるからだ。

臆病な人のほうが、精力的に仕事ができるのも、根底には「仕事をクビになったらイヤだ」という思いがあり、仕事を失った後の困った状況をありありと思い浮かべることができるからであろう。危機意識があるからこそ、日々、仕事に邁進できるのである。

臆病な気持ちになりやすいからといって、恥ずかしいと思う必要は全くない。臆病な人のほうが往々にして、持ち前の集中力を発揮して事に当たり、その他大勢から抜きん出ることができるからだ。

不安が「脳」を本気にさせる

ちょっとした口約束を忘れない

不安を感じやすい人は、大変に物覚えがいい。優れた記憶力の持ち主である。

私たちの脳みそというのは、基本的に、モノをすぐに忘れるようにできている。自分にとって関係のないどうでもいいようなことは、さっさと忘れていくというメカニズムになっている。

ところが、である。

不安を感じやすい人は、絶えず「これを忘れたら、大変なことになるんじゃないか」と怯えているので、脳みそにしっかりと叩き込んで記憶してしまう。私たちの脳みそは、不

安があるときにだけ、忘却させないような機能を働かせるのである。

「相手の名前を忘れたら、失礼なんじゃないか」と思うから、不安を感じやすい人は、人の名前も絶対に忘れないようにする。

「この約束をすっぽかしたら、二度と会ってもらえなくなってしまうぞ」と思うから、スケジュールの日時なども、しっかり記憶してしまう。

人と交わした、ちょっとした口約束なども、不安を感じやすい人であれば、忘れることはない。「今度、貸しますよ」と約束したCDや本は絶対に貸すまで忘れないし、「あとでメールします」と言えば、メールの送信ボタンを押すまでは、自分のやるべきことを忘れないのが不安な人の特徴である。

危機意識のおかげで、頭がフル回転する

カリフォルニア州立大学のM・ウィトロックは、「この後、抜き打ちテストをします」

と不安を煽ってから文章を読ませたほうが、不安を煽らずに文章を読ませたときに比べて、内容の記憶が大いに促進されることを実験的に確認している。

私たちは、「覚えておかないと、大変な目に遭う」と思えばこそ覚えられるのであって、そういう必要性がないときには、記憶として残らないようになっている。

たとえば、皆さんがパラシュートのたたみ方の講習を受けることになったとしよう。パラシュートをどうたためばよいかの手順を説明されても、おそらく、そんなに興味も持てないであろうから、いいかげんな聞き方をしてしまい、一度聞いたくらいでは覚えられないのではないかと思う。

ところが、「自分でたたんだパラシュートで、これから実際に飛行機から飛び降りてもらいますからね」と言われていたら、どうだろう。

この場合には、説明の手順を一言も聞き漏らすまい、という気持ちになるのではないだろうか。いいかげんな聞き方をしていたら、自分の生命が危ないと思えば、人は必死に記憶するものである。

私たちの脳みそは、不安を感じないと、あまり働かない。

逆にいうと、不安を感じやすい人は、それだけ頭を働かせているということである。

職場でも、細心の注意を払って仕事をしたり、人間関係においても細やかな配慮ができるので、好かれ慕われる存在になりやすい。不安を払拭するための行動が、ひいては周囲に評価され、人脈を築くことにつながっていくのである。

怒りのおかげで精力的になれる

怒りっぽい人は、どんな業種でも成功する

男性と女性で比較すると、怒りっぽいのは、男性に多い。なぜかというと、怒りっぽさは、「攻撃性」とも関連しているからだ。

「攻撃性」という言葉は、日常的な使われ方としては、あまり良い意味で使われていない。けれども、心理学では、そんなに悪い意味の用語でもない。攻撃性が高いということは、積極的で、男らしい、という意味も含んでいるからである。

怒りっぽい人は、攻撃性も高いのであるが、そういう人のほうが何事に対しても、前向きで、意欲的である。

裏を返せば、怒りを感じにくい人は、すべてのことに対して腰が引けているともいえるのだ。

新しいことをやろうという気持ちにもならないし、一生懸命に仕事をしようというバイタリティにも欠ける。

その点、怒りっぽい人は、きわめて意欲的で、精力的で、革新的な行動をとる。リスクも怖れない。だから、こういう人のほうが出世も早く、仕事で成功しやすいというデータがある。

テストステロンの分泌量とも関係がある

ジョージア州立大学のジェームズ・ダブズは、企業経営者、政治家、スポーツ選手、聖職者など、さまざまな職業の人の唾液を採取して調べてみた。

すると、分野を問わずに成功している人ほど、テストステロン量が多いことがわかった。

テストステロンは、「男性ホルモン」とも呼ばれていて、男らしい人、攻撃的な人、怒りっぽい人に多く分泌されるホルモンである。

仕事で成功したいなら、少々怒りっぽいくらいでいいのだ。

「チクショウ！」

「負けてなるものか！」

というやる気がなければ、何事も成功しないが、そういうやる気を生み出す原動力が、「怒り」なのである。

自分が怒りっぽくてイヤだと感じている人は、「怒りっぽいことも、決して悪いことばかりではないようだ」という視点を持ち、ぜひ自分の中からわき出すエネルギーを上手に活用していっていただきたい。

復讐心が強いオーラを生む

復讐心の強い人ほど、軽んじられることがない

仏教でもキリスト教でも、「許す心」の大切が説かれている。許せないようなことをされても、水に流してあげるやさしさを持ちなさい、というのである。それが人間のおおらかさだというのだ。

とはいえ、いつまでも怒りがおさまらず、復讐の炎がメラメラと燃え盛るような人もいると思う。そういう人は、「自分はつまらないことにこだわりすぎる人間なのではないか」などと自分を責めることがあるかもしれない。だが、復讐心が強いというのは、実はそんなに悪いことではない。

なぜなら、ヘビのようにしつこく復讐する気持ちがある人のほうが、相手に見くびられたり、軽く扱われることがなくなるからだ。

「あいつは復讐してくるタイプみたいだ」と相手に感じさせていれば、不愉快なこともされなくなる。なぜなら、ヘタに手を出すと強烈な反撃が返ってくると思うからである。

相手に甘く見られ、反撃してこないと思われてしまうから侮られるわけで、確実に復讐することを匂わせておけば、相手もおかしなことはしてこない。

復讐する心が強いなら、それを周囲の人にアピールしておこう。

「俺はやられたら、100倍でやり返すよ」

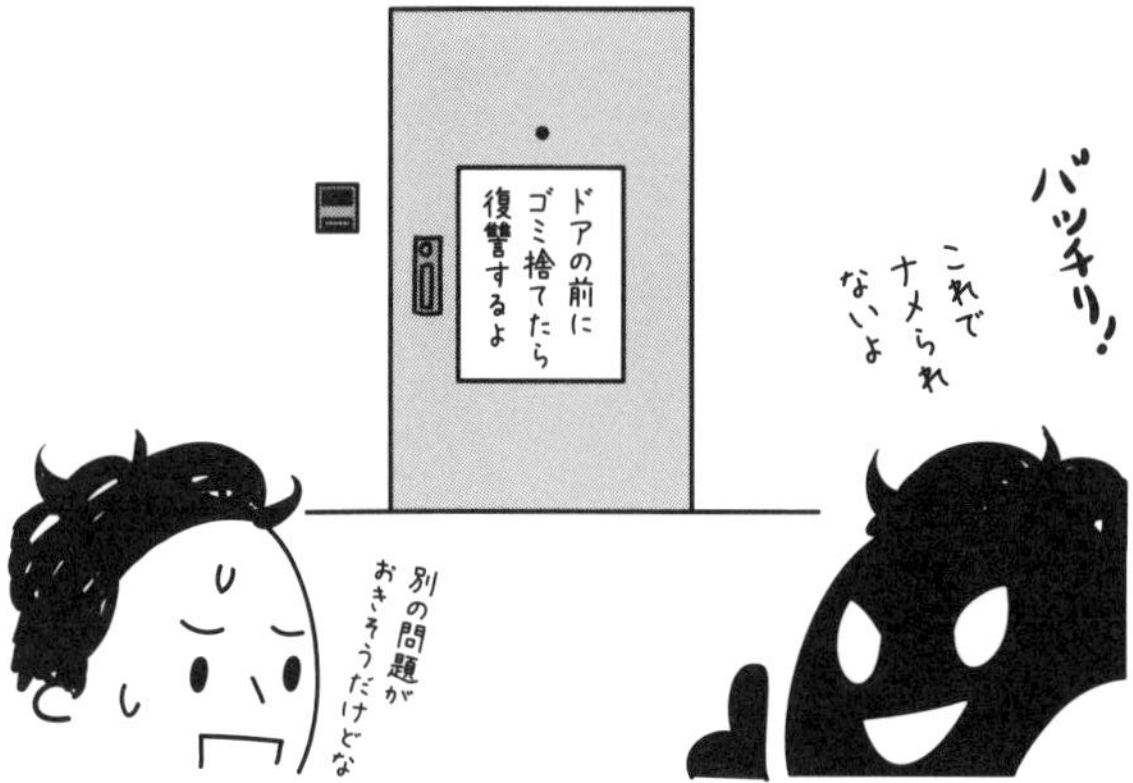

「私はバカにされたら、絶対に復讐するよ」

と公言しておけば、だれも皆さんのことをイジメようとはしなくなる。

「イヤなことをされたら、イヤなことをやり返す」という人のほうが、相手に浮気されなくなる。米国カリフォルニア州にあるソノマ州立大学のヘザー・スミスによると、「浮気したら、すぐ別れるよ」とか、「浮気したら、あなたの大切な宝物を壊すよ」などと脅しておけば、浮気されにくくなることを明らかにしている。

スミスによると、たとえ浮気されても相手を許してしまうような人は、「あまり賢くないな」「こいつ、ちょろいな」と感じさせてしまうのだそうである。

何でも許せる人のほうが、人間として格上のように思われるかもしれないが、復讐する気持ちを強く持っているからといって、決して悪いわけではない。現実には、復讐する気持ちを持っていて、しかもそれを確実に実行することを匂わせるくらいの人のほうが、いろいろと益があるのではないかと思う。

「失敗すると
やる気をなくす」は間違い！

悔しい経験が糧になる

何かにチャレンジし、その挑戦がうまくいかずに失敗すると、人はやる気をなくすだろう、と一般的には考えられている。

このように頑張ってもうまくいかなかったとき、人は、すべてのやる気を失ってしまうものだ、とも思われている。けれども、これは間違った考えである。

米国ダートマス大学のアーサー・フランケルによると、事実はそれとは逆になるらしい。

失敗した人は自尊心が傷つけられ、悔しい思いをする。

そして、傷ついた自尊心をどうにかして回復しようとして、かえってさらに難しい課題

にチャレンジしていく、というのである。

難しい課題で成功すれば、最初の失敗で傷ついた自尊心を取り戻せるだろう、と考えて、人はより挑戦的になるというのだ。

下手にうまくいくと、挑戦心が失せてしまう

その反対に、最初の試みで成功してしまった人は、うまくいったことで喜び、自尊心が高くなる。

せっかくいい気持ちでいられるのだから、なるべく自尊心が傷つくようなことをしたくない。難しい課題に取り組んだりすると、せっかくのいい気分が失われてしまうのではないか、と考える。そのため、守りに入ってしまい、果敢に挑戦しようとしなくなる。

以上が、フランケルによる分析である。

たとえば、大学受験において、第一志望の大学に入学できずに、第二志望の大学に進学しなければならなくなった人がいるとしよう。この人は、傷ついた自尊心を回復しようと

して、だれよりも熱心に勉学に励む。立派な人間になって、第一志望の大学の卒業生を見返してやろうとする。

その点、希望通りの大学に進学できた人は、「名門大学卒」という肩書が手に入った時点で、守りに入る。せっかくいい気分でいられるのだから、わざわざ挑戦して危険を冒す必要もない、と考える。もし困難なことに挑戦し、そこでつまずいたりしたら、せっかく高まった自尊心が傷ついてしまうからだ。フランケルの説に基づいて考えると、両者にはこんな未来が待っている可能性があるのである。

粘り強さは、挫折経験から生まれる

このように考えると、失敗することも、決して悪くない。

人は、失敗するからこそ、将来的にもっと困難な課題にもチャレンジしようという意欲も生まれてくるのである。人は痛い目を見るからこそ、意欲的になれる、ということもあるのだ。

仕事で失敗した人が、すべてやる気を失ってしまうのかというと、そんなことはない。

たしかに、一部の人はそう感じるかもしれないが、失敗することにより、かえって発奮してしまう人のほうが多いのだ。

左遷させられた人が、みな腐ってやる気をなくしてしまうか、というとそんなことはない。むしろ、今まで以上に努力して、周囲の人たちを見返してやりたい、そうすることで自尊心を回復させたい、と思うものなのである。

失敗や挫折をして、失意を感じることには意義がある。

なぜなら、「自尊心を回復させたい！」という強い思いが芽生えるからである。

同様に、何度でも失敗できる人は強い人である。その度に自尊心を回復させ、より強くなってきたからだ。

私たちの中にある、粘り強さやタフさは、いつでも自在に目覚めさせることができる。

ぜひ、このことを忘れずに自信をもっていただきたい。

本書でお伝えしたいこと

次章からは、黒い感情がもたらすメリットや、私たちに及ぼすプラスの影響について、各章ごとにわかりやすくお話ししていく。

第1章　不安がもたらす効用とは？
第2章　内気で嫉妬深い人はなぜ、人間関係が長続きするのか？
第3章　悔しさ、やましさ、罪悪感がもたらす強さについて
第4章　悲観的な人がなぜ、危機的状況に対処できるのか？
第5章　コンプレックスを強みに変える方法
第6章　心に巣食うトラウマがもたらすもの

従来、人間の「弱さ」だと考えられていたものが、実はものすごい「強さ」を持ってい

るのではないか。自分の弱さだと認識していたものが、見方を変えれば、自分にとって非常に役立っていることも、あるのではないか。そんなスタンスで執筆していったのが本書である。

「よかった！　自分ではずっとコンプレックスに思っていたことが、実は、こんなにメリットがあったんですね！」

そんなふうに読者の皆さんに感じていただけたら、著者としては望外の幸せである。自分では「気の小ささ」と思っていたものが、実は、「謙虚さ」や「危機管理能力」につながっている、ということが理解できれば、自分の「気の小ささ」も少しは受け入れやすくなるのではないか、と思う。

読み進めていただくことで、日頃、苦痛に感じている感情が、実は私たちを陰ながら支え、応援し、背中を押してくれていたことに気づくであろう。ぜひ、黒い感情がもたらす利点を知り、ご自身の能力を再認識する機会にしていただければ幸いである。

1章

クヨクヨ・ビクビクする「感性」を大事にせよ!

不安になるから先手を打てる！

不安が果たす役割とは？

「いつも不安で仕方がない」という方に朗報がある。こうしたタイプは、いち早く危険を察知して、さまざまなリスクに対応できるからだ。「どうにかなるさ」と脳天気にしていては、きたるべき事態に対処できず、たいていは痛い目を見てしまう。

不安を感じ取れる「感性」のおかげで、先んじて行動することができる——。このことをもっと誇っていいのである。

とはいえ不安がとめどなく広がると、不安症という病気にもなりうるので注意が必要だ。不安は、「きたるべき危機に対処するためのサイン」と捉えて、くよくよ悩まず、サッと

行動してみよう。ではこれから、不安がもたらすメリットや、不安がどのような影響を及ぼすのかについて見ていこう。

慢心しないから、良い結果を得られる

戦後、日本企業が奇跡の復興を成し遂げ、世界中を驚かせた。その理由に関しては、さまざまな学者が分析を行っているのだが、非常に面白い分析をしている人がいる。

米国ブリガム・ヤング大学のリー・トム・ペリーだ。ペリーによると、日本企業が世界を席巻したのは、「日本人が不安を感じやすい国民だから」だというのである。そういう文化的精神が、日本企業の強みだというのである。これは、いったいどういうことなのか。

先行きに対して不安を感じていない人は当然、何の行動も起こさない。不安がまったくないのだから、行動を起こす必要性も感じない。

ところが、不安な人は違う。不安な人は、たとえ安定的な状況にいるときでさえ、「こんな状況は長く続かないぞ」と不安を感じ、その不安を解消するために、あらゆる準備をする。準備をすることで、不安を解消しようとするのだ。

入念な準備をし、不安を吹き飛ばすためにがむしゃらに働くわけだから、日本企業が強いのも当たり前である。戦後の経営者たちは、少しくらい会社の業績が上向きになっても、「これで安心だ」などとは考えなかった。

「そのうち、絶対に悪いことが起こる」という不安が心を占めていたので、どんなに好調でも手を抜かなかった。

要するに不安を「行動のエネルギー」として利用していたのである。

「日本企業は、カーレースで5周先を走っているのに、それに気づかず、まるで自分が5周遅れであるかのように突っ走るドライバーを思い起こさせる」とペリーは巧みな比喩を用いて指摘している（『攻撃戦略』、恩蔵直人・石塚浩訳、ダイヤモンド社）。不安を感じやすい人には、こういう特徴があるのだ。

バブル期に、日本企業がガタガタになってしまったのは、不安を忘れて楽観的になってしまったからだ。なかには花王のように、バブルの影響をあまり受けなかった企業もある。

「努力もしないでマネーゲームだけでお金が儲かるなんて、どこかおかしい」という不安を感じて、本業を一生懸命にやっていた会社ではバブルの影響も小さかった。

人は不安を感じるからこそ、その不安を払しょくしようとして行動する。その意味では、不安こそ、行動のエネルギーだといえなくもない。不安こそ、将来に対して先手をとって行動するためのエネルギー源にできるのである。

Check!

どんなときも浮かれずに沈着冷静でいられる

気配りの達人ほど、不安の感度が高い

相手の気持ちを中心に考えられる

人付き合いに不安を感じることは、まことに喜ばしいことである。

なぜかというと、不安を感じているくらいのほうが、どんな相手に対してもソツのない、気配りのある対応がとれるからだ。

たとえば、心配しやすい人が仕事のメールを受け取ったとしよう。

こういう人は、「早く返事をしないと、相手をヤキモキさせてしまうかもしれないな」とか、「悪い印象を与えてしまうかもしれないな」と心配する。

そして、できるだけ早く返事をしようとするのである。そのスピーディな対応に相手は感心し、好ましい感情を抱く。

その点、不安など感じない人は、どうするか。自分が嫌われることなど、微塵も不安に思わないから、相手からメールが届いても、平気で放っておく。2、3日、放ったらかしておいても大丈夫だろうと思うから、返信がどうしても遅れる。その結果、相手を不愉快にさせ、嫌われてしまうのである。

不安な人は、たとえ忙しいときでも、メールを送る。時間がないときには、「たしかに○○の件、承知いたしました」という一行のメールでも送る。そういう返事をしないと不安でどうしようもなくなるからだ。

何度でも謝罪し、許しを得る

不安な人は、また、相手に迷惑をかけたときに何度でも謝る。

何度も謝るのは、それくらいしないと、相手が許してくれるかどうかがわからず、不安になってしまうからである。

不安を感じにくい人は、相手によほど大きな迷惑をかけたときにだけ、しかも1回しか謝らない。「まあ、とりあえず1回謝ったんだから、それでいいじゃない」と考えるのである。そんな人が好かれるわけがない。

ちょっとしたことでも、何度でも謝る不安な人のほうが、人に好感を持たれることは言うまでもない。

ANAのサービスが「5つ星」を獲得しているワケ

航空会社のANAは、英国スカイトラックス社が運営するエアライン・スター・ランキングで最高評価となる「5つ星」を獲得している。日本の航空会社ではANAだけが唯一の5つ星で、世界全体の航空会社でも7社しか受けていないという（ANAのホームページによる）。

ANAのサービスがそれだけ素晴らしいということなのだが、具体的にはどんなサービスをしているのかというと、「お客さまには2回以上謝る」ということを心がけているら

しい（『１００％好かれる１％の習慣』松澤萬紀、ダイヤモンド社）。

たとえば、お客さまが探している新聞が見つからないと、その場で一度「申し訳ございません」とお詫びし、着陸前にもう一度、「お客さま、本日はご希望に添えず申し訳ございませんでした」とお詫びするのだそうである。ここまで徹底してお客さまの気持ちに寄り添うサービスをしているから、５つ星を獲得できるのだろう。

イリノイ大学のカレン・ガスパーによると、不安な人は、すべての物事のリスクを高く推定する傾向があるのだという。

不安な人は、「１回だけお詫びしただけでは、誠意の気持ちが伝わらないかもしれない」というリスクを高く認知する。そのため、何度でもお詫びする。もちろん、そうしたほうが相手には好ましい印象を与えることは言うまでもない。

Check!

リスクを高く推定する力に秀でている

身だしなみにも、手を抜かない

外見に気を配り、不快感を与えない

不安を感じやすい人は、他の人からどう見られているのかがとても気になる。

「おかしな人だと思われるんじゃないか」

「気持ち悪い奴だと思われるんじゃないか」

ということが気にかかり、〝見られる自分〟を強烈に意識する。


けれども、そういう不安を持っている人のほうが、身だしなみに気を配り、オシャレを欠かさず、結果として、好印象を与えることが少なくない。

米国ウェイン州立大学のジェフリー・マーティンは、18歳から40歳までの男性について、

〝見られる自分〟に不安を抱えている人のほうが、服装や外見に気を配る傾向があることを突き止めている。

「他人から、どう見られたって、そんなことはちっとも気にしない」「他の人が、どう思うかなんて、自分の知ったことではない」と考えている人がいるとしよう。こういう人は、〝見られる自分〟をあまり気にしないから、当然、服装にも気を配らなくなる。薄汚れた洋服を着ていても、へっちゃらだ。こんな外見でも気にしない人が好かれるだろうか。とても、そんなことは期待できない。

人前で恥をさらすリスクに敏感！

〝見られる自分〟に不安を抱えている人は、きちんと鏡を見て、自分が相手に与える印象をチェックする。

このおかげで相手を不愉快な気分にすることもなくなるのだ。

「人間は、外見じゃなくて、中身が重要なんだよ」という考えの人は、〝見られる自分〟に対する不安は少ないのかもしれない。けれども、身だしなみに気を配らないことは、決してよいことではない。むしろ、外見でソンすることになるので注意が必要だ。

身だしなみには不安を感じるくらいでちょうどいい。突然、来客応対することになったり、人前に出るよう頼まれたりするかもしれない。いつ人前に出てもよい格好でいれば、マイナス評価を得るリスクを避けられる。

「会社はカジュアルデーだけど、せめてシャツとネクタイくらいはしておかないと」と不安を感じている人のほうが、現実には、ソツのない仕事ができるものなのである。

私も、大学で教えているが、〝見られる自分〟を強く意識するタイプなので、大学全体がクールビズ運動をしていても、私だけはいつでもネクタイを締めている。周囲の人に与える印象を考えると、不安感が強い性分でよかったとさえ思っている。

Check!

人は外見で判断する。注意しすぎるぐらいでちょうどいい

このマメさが、人を喜ばせる

親密になっても、連絡を欠かさない

人付き合いに不安を感じやすい人は、マメな人でもある。嫌われるのを極端に怖れるから、普通の人ならいい加減にすませてしまうところをそうすることができない。こうしたマメさを持つことは、うまく人付き合いするための極意である。

たいていの人は、恋人ができてしばらくすると、付き合った当初に比べて、あまり連絡をしなくなる。最初こそ、頻繁に連絡をとりあうが、そのうち面倒くさくなって、連絡を欠かすようになるのだ。

ところが、恋人を失うのが怖いという不安がある人は、決して連絡を欠かすようなことをしない。恋人に嫌われないよう、できるだけ頻繁に連絡をとろうとする。ものすごくマメなのである。

カリフォルニア州立大学のロバート・ワイスカーシュは、恋人がいる大学生にお願いして、携帯の通話記録を見せてもらった。その一方で、どれくらい恋人を失うことに不安を感じているのかも調べてみた。すると、恋人を失うのが怖いと思っている人ほど、電話をかける頻度が多いことが明らかになったのである。

「あんまりしつこく連絡すると、かえって相手は迷惑するのでは？」

と思う人がいるかもしれない。

けれども、ワイスカーシュの調査によると、マメに連絡をすることは、「愛情の深さ」を示すものと相手には受け取られ、嫌われるようなことはなかったのである。

実際、電話をかける頻度が多いと、相手からも電話がかかってくる頻度が多くなっていた。たくさん連絡してもらえると、恋人のほうも嬉しくなって、自分からも積極的に電話をかけようという気持ちになるのであろう。

親しくなっても、挨拶を欠かさない

仕事の付き合いでも同様である。最初は、こまめに連絡をくれていたのに、そのうち、あまり連絡をしてこなくなる人が非常に多い。付き合いはじめは、相手との接点が切れないように、こまめに連絡することを心がけていても、次第に慣れてきて、不安な気持ちを持たなくなってしまうためだ。これでは相手に、「何だか失礼な奴」と思われかねない。

どんなに付き合いが深まったとしても、「人間の縁なんて、すぐに切れてしまうものだから、なるべく気をつけなければならない」と不安を感じ続け、たえず自分を戒めているくらいのほうが、人付き合いで失敗しないのである。

Check!

親しくなっても、ちゃんと連絡する気遣いを持とう

聞き役になれるので、誰とでも会話がはずむ

うまい話をするよりも、大事なことは？

会話をしているとき、自分ばかりしゃべろうとする人がいる。相手がうんざりしていることにも気づかず、一方的にしゃべりまくるような人だ。

話の内容が面白ければまだしも救いがあるのだが、たいていは、どうでもいい個人的な話や自慢話であることが多く、聞いていてうんざりする。

会話術について書かれた本をお読みくださればわかるのだが、会話のコツは「相手に話をさせること」である。決して、自分からしゃべりまくることではない。

その意味でいうと、不安な人は、会話上手な人であるといえる。

なぜなら、不安な人は、自分から積極的に何かを話すというよりは、聞き役に徹することのほうが多いからだ。

「私は、あまりうまく話せないんですよね」
「私は、言いたいことがあってもうまく言えないんですよね」

という悩みを抱えている人も多いと思うが、会話では、うまく話す必要などない。相手に話をさせてあげ、それを聞いてあげれば十分に喜んでもらえるのだから、わざわざ自分から話そうとしなくともよいのである。

態度を変えない姿勢が好感を生む

また、不安な人の会話には特徴があって、グイグイと押しつけるような発言をしたり、命令口調でしゃべったりしない、という傾向がある。

イスラエルにあるバー・イラン大学のリオール・ガリリーが調べたところ、不安を感じやすい人は、声を荒げたり、命令をしながら話すことが少ないのだそうである。

不安を感じず、自信があって堂々としている人は、どうしても声が大きくなるし、威勢のいい発言をしてしまう。他人に対して命令するような話し方をすることもある。

ところが、不安な人はそういう会話はしない。「しない」というか「できない」のであるが、それもまた好印象を与えるひとつの理由になる。誰だって、頭ごなしにガミガミ言われたくはないから、丁寧な話し方をする不安な人のほうが、好ましい印象を与える。

不安を感じやすい人は、たとえ相手の年齢が若く、立場が下であっても、丁寧な言葉遣いをする。作業の指示を出すときにも「○○していただけませんか？」というお願いをする。言われた相手は、自分が大切に扱われていると感じるであろう。

販売や営業の世界でも、立て板に水のようにしゃべりまくるような営業マンより、むしろ不安を感じやすく、口下手であまりしゃべらないような営業マンのほうが、かえって成績がよいという話を聞いたことがある。

気の利いた話やジョークを言えるかどうかは小手先の話であり、できなくてもさほど気にする必要はない。むしろ人は自分の話をしっかり聞いてくれたり、大事に接してくれたりする人を求めている。その意味では、不安を感じやすい人の会話のやり方のほうが、本当は正解なのである。

Check!
相手の話に口を挟まず、ちゃんと聞くだけで喜ばれる

早く老ける人、老けない人はココが違う!

若々しくいられるタイプとは?

あまり心配ばかりしていると、白髪が増えてしまうといわれている。けれども、この言い伝えは医学的に証明されているわけではない。心配性だから、白髪が増えるとか、老けてしまう、ということはないのだ。それはあくまでも俗説である。

むしろ、心理学的にいうと、老化に対して不安を抱えている人のほうが、かえって若々しく、魅力的でいられる、と考えられる。

「老けたくない」と感じている人は、当然、老いることへの不安を解消するために行動する。食べ物にも気をつけるだろうし、定期的な運動もするだろう。そういう努力をする結果、不安を感じずに何の手も打たない人に比べたら、いつまでも若くいられるのだ。

カナダ中南部オンタリオ州にあるグエルフ大学のアミー・ミュイーズは、17歳から73歳までの300名を超える女性に対して、どれくらい老化への不安を感じているのかを調べてみた。その一方で、アンチ・エイジングのための努力をしたり、商品を買ったりしているのかも調べてみた。すると、老化の不安を感じている人のほうが、積極的にアンチ・エイジングの努力をしていることが判明したのである。

この研究は、女性を対象にしたものであるが、男性にも当てはまるであろう。男性でも、老いに対する不安を抱えている人のほうが、アンチ・エイジングの努力をすることは十分に考えられる。不安になると、人はその不安を取り除くための行動を起こす。

「このままでは、自分はいつかダメになる」という不安があるからこそ、それを予防するための措置をいろいろと講じることができる。

ヘアメークアーティストのＩＫＫＯさんは、周囲に「美人だ、美人だ」とチヤホヤされている女の子は、そのうちおばさんになってしまうと指摘している。美人が美しい容貌に胡坐をかいて、何の努力もしないことが原因だ。

その点、自分にコンプレックスがある女の子のほうが、キレイになるための努力を欠かさないので絶対に魅力的になれるそうである（『超オンナ磨き』ＩＫＫＯ、アスコム）。

「若いころと比べると老けたよなあ」とか、「魅力を失ってきたような気がするな」と感じることは、良いことである。そういう不安を利用すれば、皆さんはいくらでも自分を磨くための努力ができるはずだ。

Check!

容姿の衰えに対する不安が、自分磨きに拍車をかける！

借りをつくりたくない人はこうする

人に助けてもらうと、抑うつ感が高まる!?

不安な人は、あまり人に助けられたくないという気持ちがある。

人に助けられっぱなしで、自分からは何もしてあげられないとき、人は心苦しくてどうしようもない気持ちになる。そういう気持ちになるくらいなら、いっそのこと他人に援助してもらわないほうが、気がラクだと思うのである。

米国ウェイン州立大学のマーシー・グレッソンは、他人に援助してもらうことは、嬉しいな、ありがたいな、という感謝の心を生み出す一方で、不安や抑うつなどの否定的な感情を高めてしまうと述べている。他人に援助してもらうことは、まったく相反するような二つの感情を同時に引き起こしてしまうようなのである。

もともと不安な人は、他人から借りをつくることを好まない。なるべく自分一人の力で物事を解決し、他人から手助けしてもらわなくても大丈夫なようにしておくことのほうが、現実には多いようである。

不安を感じやすい人というと、なんとなく甘えん坊で、他人に依存ばかりしているようなイメージがあるが、どうもそれは違うようだ。人に依存するのは、「幼児性」であって、「不安」とは違う。不安を感じやすい人は、他人から借りをつくったら、絶対にその借りを返そうとする。幼児性の高い人は、ただただ人に甘えるだけであるが、不安な人は借りをつくったままの状態であることに耐えられない。

小さな約束を忘れないので信用される

もともと不安を感じやすい人は、他人に援助してもらわなくとも何とかなるように手を打っておくものであるが、いざ借りをつくったときには、きちんとその借りを返す、というところもある。その意味では、〝義理堅い人〟ともいえる。

たとえば、不安を感じやすい人は、だれかにお金を借りたときにも、すぐにそれを返そうとするし、ただ返すだけではなく、きちんと「利息」もつけるであろう。たいした金額でなくとも、必ず返そうとするであろう。

借りたものは絶対に返すのが信条だ。

そういう姿を自然に見せることができるのが、不安を感じやすい人だ。

だから、他の人からも信用が高まっていく。小さな約束や借りでも忘れないことが信用を高めるのである。

Check!
人に借りをつくるのは極力避けて、心の平安を保とう

コラム 不安になったときの対処法

本書は、ネガティブな感情をポジティブなパワーに変える秘密について論じることが目的であるが、そうはいっても、「不安でどうしようもない」という人もいるだろうと思われる。そこで、**このコラムでは、不安を必要以上に増やさない体質になるためのテクニックについて考えてみよう。**

不安というものは、私たちの思考や評価から生まれる。あれこれと考えていると、余計に不安が募ってくるのは、考えすぎるからである。

ということは、つまり、**あまりモノを考えないようにすれば、不安にもならなくてすむ、ということである。**

たとえば、仕事で難しい依頼をされたときには、不安が顔を出す前に「やります!」という口癖をつくるようにするのは、どうだろう。

これは、なかなかいいアイデアだ。

どんな仕事を命じられても、何も考えずに「わかりました、頑張ります！」と言ってしまうのである。

たいていの仕事は、「やってみなければわからない」ことだらけ。だから、どんなに考えてみても、うまくできるかどうかなど、本当のところはわかるはずがない。つまり、考えるだけムダなのだ。

どうせやってみなければわからないのだから、とにかく「やります！」と言ってしまう作戦は有効だ。

「やります！」と言ってしまえば、後には引けない状況がつくり出されるので、とりあえず頑張るしかない。いったん頑張るのだと決めてしまえば、けっこう人間は頑張ってしまうものである。

もちろん、やったことがないということは、相手に伝えておいたほうがいい。

「この仕事は未経験ですから、全力でやります。もしかしたら、うまくできない可能性もあるかもしれませんが」

「スケジュールが厳しいので、ご相談させていただくかもしれません」と相手に言っておけば、かりにうまくいかなかったとしても、そんなに怒られることはないのではないかと思う。

ともあれ、不安を避けるには、すぐに行動してしまうクセをつけてしまうのが一番である。行動していれば、人は不安になることはないからだ。

そういえば、スポーツ選手がスランプに陥ったときには、とにかく一日中走っているのがいいらしい。じっとしていると、不安なことばかり考えてしまうのだが、朝から晩まで走っていると、頭の中が真っ白になって、さっさとスランプから脱出できるのだという。

カナダにあるブリティッシュ・コロンビア大学のアダム・デポーラによると、あれこれ頭を悩ませているより、とにかく行動するようにしたほうが、自分を嫌いになったり、自分を責めたりしなくなるそうである。

不安を感じたくないのなら、とにかく行動してみよう。それが不安を避ける一番の方法であるといえる。

2章

内気、嫉妬深さは美徳である

なぜ、内気な人は好かれやすいのか?

もらい泣きは日常茶飯事

内気な人は、勝ち気な人と比べて、他人に気持ちを表現する機会は少ない。

もっと気楽に人付き合いをしたり、自分の考えを伝えたりしたいと思っている人もいるかもしれない。確かに内気なことをコンプレックスに感じている人は少なくない。

だが、内気さを気に病み、変わりたいと思っている人がいたら、ちょっと待っていただきたい。その内気さが人間関係においてプラスに働くからである。

フィンランドにあるヘルシンキ大学（フィンランド最古の超有名大学）のマージャ・カ

リオプスカは、「内気さ」（シャイネス）について調べた数多くの研究を集めて、内気さに関連する要因について調べてみたことがある。

その結果、内気な人にはいろいろと優れた特質があることがわかった。そのひとつが、他人に対する共感性の高さである。

泣いている人を見ると、つい自分ももらい泣きをしてしまうようなところが、内気な人にはある。悲しんでいる人の気持ちが、自分でもよくわかるので、やさしく手を差し伸べることができるタイプであった。

共感性が高い人は、だれに対しても親切で

ある。困っている人を放っておけないタイプだから義侠心に溢れているともいえる。

自惚れず、着実に物事を進められる

また、内気さと、ナルシシズムには反比例の関係も見られた。

内気であればあるほど、ナルシスト傾向が小さい、ということである。

内気な人は、決して自惚れたり、見栄を張ったりはしない。自分が格好いいとはつゆほども思っておらず、とても謙虚である。

一般に、ナルシストであるほど人に嫌われやすいことがわかっているから、この点でも、内気な人ほど周囲の人に好かれるだろうと推察できる。

さらに、内気な人ほど、物事に対して熱心に取り組むこともわかった。

内気な人は、自分に与えられた作業に、黙々と取り組むタイプが多かったのである。

たとえ、監督者が見ていなくとも、自ら進んで黙々と作業をこなすようなタイプに、内気な人が多かった。だれも見ていないからといって、仕事をサボったりしないのが、内気な人の良いところであるといえるであろう。

こう見てくると、内気な人ほど、人にやさしかったり、頑張り屋さんだったりするので、それだけ好かれるであろうという予測ができる。

「人見知りで、うまく話せない」「自分から積極的に動けない」と悩むことがあるかもしれないが、周囲の人たちは、そんな皆さんの良さをちゃんとわかっているのだから、何の心配もいらない。

お調子者のように振る舞えないからといって、だれも皆さんを軽んじたり、嫌ったりはしない。ちょっぴり存在感がないと思われることがあるかもしれないが、不用意に出しゃばったりしないところも、好ましく思われることのほうが多いので、その点についても何の心配もいらないであろう。


Check!

周囲は好ましく見ていることを忘れてはならない

相手との関係が長続きする秘訣とは？

「馴れ馴れしくできない」メリットとは？

アメリカ人は、出会ったばかりで、すぐに相手をファーストネームで呼ぶことに、何の抵抗も感じない。ヨーロッパ人や日本人からすると、「ちょっと馴れ馴れしいな」と感じるほどに、アメリカ人は、すぐに心を開いて友達のように接してくる。

このように、出会ってすぐに心を開けるような、フレンドリーな人がいると思えば、何年経っても、お互いに馴れ馴れしくしない、という関係を築く人もいる。

相手と知り合ってずいぶん経つのに、腹を割って話したりせずに、距離をとってしまう、と感じている人にお伝えしたい。相手と親しくできないからといって、悩む必要はない。

お互いにある程度の距離をとっていたほうが、仲良くいられることもあるからだ。

名探偵シャーロック・ホームズと助手のジョン・ワトソンは、お互いのことを「ミスター・ホームズ」「ミスター・ワトソン」と呼び合っていた。お互いに心を許し合っているわけだから、「シャーロック」「ジョン」と呼び合ってもいいわけだが、二人は一生ファーストネームで呼び合うことをしなかった。

これは小説の世界の話だが、現実の世界でも、似たような例はよく見かける。とくに仕事で出会った人間関係であればなおさら、お互いに敬意を払い続けているおかげで、関係が長続きしているケースは少なくない。

アメリカ人のようにフレンドリーになれないからといって、それがそのまま人間関係に問題を引き起こすのかというと、決してそんなことはないのである。

結婚当初のほうが、意思疎通できている!?

結婚生活においても適度な緊張感は必要である。付き合いが長くなってくると、馴れ合いが生じ、相手に対して配慮しなくなる。自分が失礼なことをして、相手を不快にさせていても、全く気がつかなくなるのは、このためである。

一方、新婚のうちは、相手が自分のことをどう思っているかが気になる。そのため、必死に相手の顔色を伺おうとする。その結果として、長年連れ添った夫婦より、新婚夫婦のほうが、お互いに考えていることがよくわかる、という逆説的な現象さえ見られるのである。

ニュージーランドにあるカンタベリー大学のゲフ・トーマスは、74組の夫婦に、いくつかのテーマで5分ずつ話し合ってもらい、ビデオに撮ったものを見せながら、話し合いの最中のパートナーの感情や気持ちを推測してもらった。

その結果、結婚生活が「短い」夫婦のほうが、お互いに何を考えているのかを正確に見

抜くことができた。結婚生活が「長い」夫婦は、パートナーの気持ちを見抜くのがヘタであった。

相手の気持ちを正しく読むためには、たとえどんなに親しくなっても、初めて会う人と同じように接するべきである。

そうしないと、相手の感情を害するような無礼を働いてしまう危険性が高くなるからだ。馴れ馴れしい人は、相手の感情などおかまいなしにグイグイと相手の懐に入ろうとするため、嫌われることもある。

多少、緊張しながら付き合う人のほうが、相手の顔色をしっかりと伺いながら付き合えるので、問題を起こすこともないのである。

Check! 親しくなる前の緊張感を忘れずに

嫉妬深さは、恋愛にプラスに働く！

嫉妬がもたらす7つの効果とは？

嫉妬というのは、本人にとっては不快な感情ではあるが、ポジティブな効果も持っている。

本人は、「嫉妬深い自分」をイヤだと思っているかもしれないが、決してただ悪いばかりではない、ということも知っておく必要があるであろう。

カリフォルニア州立大学のアヤラ・パインズは、21歳から64歳までの男女の嫉妬を研究し、次のようなポジティブな効果をもたらすことを明らかにしている。

①嫉妬は、相手の存在が当たり前だと考えてはいけないということを教えてくれる

②嫉妬は、お互いの関係を長期化するのに役立つ

③嫉妬は、相手を愛していることのサインになる
④嫉妬は、倦怠期のカップルに興奮をもたらしてくれる
⑤嫉妬は、パートナーを魅力的に見せてくれる
⑥嫉妬は、お互いの関係をもう一度見つめなおすきっかけを与えてくれる
⑦嫉妬は、生命力を高め、人を生き生きさせる

どうだろう。嫉妬には、ずいぶんとポジティブな点が多いと思わないだろうか。

嫉妬というのは、熱情と愛情から生まれてくる。

だから、嫉妬深いということは、愛情深いということでもあり、悪いことばかりではないのである。


嫉妬を感じられるほど、相手を愛せるというのは、たいしたものである。最近は、相手に対してあまり愛情を持てないという人も増えてきているそうなので、嫉妬を感じられるくらいのほうが、相手にとっても嬉しいことなのではないだろうか。

デートもあまりしたがらない、相手が何をしているのかも詮索してくれない、メールもＬＩＮＥもしてくれない、という人は、「しつこくない」という点ではありがたいのかもしれないが、どこか物足りなさを感じさせてしまう。相手からしても、「本当に自分は愛されているのかな?」と心配になってしまう。そんなに冷たい相手とは、あまり付き合いたくはない。

嫉妬深い人のほうが、結局は相手との関係も長期化する傾向があるのである。

パートナーの長所にたくさん気づける

それにまた、嫉妬という感情は、私たちの目を曇らせてくれる、というのもありがたいことである。「恋は盲目」といわれているが、嫉妬は、パートナーを現実以上によく見せてくれる。かりに客観的な魅力が60点の人がいるとしよう。けれども、その人を愛している人にとっては、自分の恋人が１００点満点に見える。それだけ自分を高く評価してくれるというのは、相手にとってはものすごく嬉しいことなのではないか。

嫉妬深い人にとっては、平凡な顔だちの相手でも、ものすごく目鼻立ちの整った麗人に見える。そうやって私たちの目を、いい意味で曇らせてくれることも、嫉妬のポジティブな効果のひとつである。

Check!

相手に「惚れ込む力」を最大限に活用しよう！

結婚が早い人の特徴とは？

運命の人だと確信し、結婚に踏み切れる人！

だれでも結婚を決めるときには、迷うものである。
「本当に、この相手でいいの？」
「もっと他にいい人が、現れるのではないか？」
こんなふうに考えていたら、結婚の踏ん切りがつかないのは当然である。

その点、嫉妬深い人は、迷わずに結婚の決断ができる。優柔不断になることはない。「この人しかいない」と自信を持って言えるから、迷う必要がないのである。

結婚を決断するにあたっては、よほど相手に対して愛情を感じていなければ難しいのであるが、嫉妬深い人は愛情も強いために、結婚の決断も容易なのである。

テストでわかった興味深い結果とは？

ウェスタン・イリノイ大学のユーゲン・マーチスは、65組のカップルに連絡を取り、お互いの嫉妬深さを測定する心理テストを実施してみた。それから7年後、再びコンタクトをとって、彼らが結婚しているかどうかを調べた。

その結果、結婚していたグループでは、片方、あるいは両方ともに嫉妬深いタイプであることが判明したそうである。嫉妬深い人ほど、恋が燃えやすく、それゆえ結婚も早くなるのであろう。

嫉妬を測定する心理テストで、あまり嫉妬深くないと判断されたグループでは、7年後の再調査でも、結婚していない人が多かった。あるいは、それよりも前に別れてしまうカップルも多かった。

もし私のところに婚活中の人がやってきて、「できるだけ早く結婚したいんです」という相談を受けたとしたら、私なら、「できるだけ嫉妬深い相手を探すのがコツですよ」とアドバイスするであろう。嫉妬深い人のほうが、愛情深くもあるし、結婚を決断してくれるのも早いからである。

イタリア人は、嫉妬深さを肯定している

最近は妙にサバサバしているというか、お互いにあまり関心を持たず、嫉妬もしないようなに思われるカップルが増えているのではないだろうか。結婚に踏ん切りがつかないのも、嫉妬の心が弱いからであろう。

そんな時代だからこそ、「嫉妬深い」というのは、逆に美徳のひとつなのではないかとさえ、私は思っている。

「愛情が強く、重たすぎる人は、嫌われる」という話をよく聞くが、本当なのだろうか。重すぎると感じられるほどに相手を愛せるのは、たいしたものだと、私など逆に感心してしまうのであるが。

情熱的な恋愛をすることで世界的に知られているのは、イタリア人。そのイタリア人は、男性も女性も、嫉妬深いことでも有名だ。「私は嫉妬深い」と自分で認めてしまう人も多いくらいである。

イタリア人にとっては、嫉妬深いこともそんなに悪いことではないと認識されているわけだが、嫉妬という感情は、それほどネガティブなものでもない、と私たち日本人も考えてみるべきであろう。

Check!

嫉妬心に気づいたら、愛情を育むエネルギーにしよう

パートナーと幸せになれる秘訣

恋人を奪われない効果的な行為とは？

嫉妬深い人は、パートナーが他の人に目移りするのではないかと気が気でない。このためそうした状況を防ぐための行動をとる。このような行動は、「ガーディング」と呼ばれている。恋人を自分以外の人から「ガード」するという意味だ。

ニューハンプシャー大学のアンジェラ・ニールは、48組のカップルにお願いして、一週間の日記をつけてもらった。自分の恋人が浮気などしないよう、できるだけ頻繁にデートして相手の時間をすべて自分で埋めてしまうとか、恋人であることを他人にわからせるために腕を組んだり、ハグをしたりするといった行動記録をとってもらったのである。

ニールはさらに、すべての人に嫉妬を測定するテストを受けさせた。そして、嫉妬とガーディング行動についての関連性を調べてみたところ、**嫉妬深い人ほど、恋人を守るための行動をたくさんとっていることがわかった。**

嫉妬深い人は、必要以上に人前でイチャイチャしたりする。

そうすることで、「俺の彼女に手を出すなよ」「私の彼氏にちょっかいを出さないでよね」というサインを周囲に送るのである。それだけ、愛情表現が豊かであるともいえるであろう。

メールを送るときにも、そっけない文面ではなく、いかに自分が愛情を持っているのかを情熱的に語る。

また、恋人に対して、ものすごく細やかな態度で接する。嫉妬深い人は、相手にできるだけ尽くせる人でもあり、その意味では、とても献身的だ。

恋人に対して、全く嫉妬しない人は、それだけ愛情が冷めている。そんな人が、いつまでも恋人を自分の元につなぎとめておくことは難しいであろう。

「嫉妬する男は、みっともない」と他人に言われようが、そんなことにいちいち耳を貸す必要はない。嫉妬を感じるほどに相手に愛情を注げるのは、たいしたものであると自分に言い聞かせよう。

もちろん、愛情を注ぐのは実際に恋人になれた場合だけにしておいたほうがいい。片思いであるにもかかわらず嫉妬心を起こしたりすると、相手にも迷惑をかけてしまうし、ストーカーチックで嫌われてしまう可能性が高いからである。

あくまでも、相手が喜んでくれていることをきちんと確認したうえで、自分の愛情の大きさを相手に感じてもらうようにすればいい。

Check!

積極的に愛情を示したほうがパートナーともうまくいく!

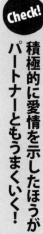

3章

悔しさ、罪悪感を
トコトン感じたほうがいい理由

ガンジーは、若い頃やんちゃだった

罪の意識が人を変える

「すまないな」「申し訳ないな」「穴があったら入りたいな」

こういう罪悪感を持つことは、当人にとっては苦しいことかもしれない。

だが、元来とても良いことである。

なぜなら、罪悪感があるからこそ、人はやさしくなれるからだ。


インド独立の父といわれるガンジーは非暴力主義を貫き、清廉潔白な人間だと思われている。しかし、銅銭盗みをしたことがあるし、その金でタバコを買って吸ったこともある。お兄さんの金製の腕輪から、金を削り取って盗んだこともあるという。

若いころのガンジーは、悪いこともけっこうやっていたのだ。

しかし、ガンジーは罪の意識にさいなまれ、それによって清廉潔白な人間へと生まれ変わったのではないか。禁止されている肉食をしたり、悪所通いなども一通りやって、そのあと猛反省したのだろう。

罪悪感があればこそ、「これではいかん！」と人は思い直し、善性というか、やさしさを持つことができるようになるのだ。

交渉ゲームでわかったことは？

カリフォルニア州立大学のティモシー・ケテラーは、64名の大学生を2つのグループに

わけて、エッセイを書いてもらうという実験をしたことがある。

あるグループは、最近、自分が罪悪感を覚えたことを紙に書き出させ、罪悪感を意識させるグループである。もう一方のグループは、最近の日常生活について書かせた。こちらは、比較のためのコントロール・グループである。

それからケテラーは、ペアを作らせて交渉ゲームをやらせてみた。この交渉ゲームでは、相手に協力するか、それとも相手を裏切るのかを選択することで、自分が得られる利益が決まることになっていた。

交渉ゲームは40回行われることになっていたのだが、そのうちどれくらい協力するのかを調べてみたところ、罪悪感を強く意識させられたグループでは全体の53％、コントロール・グループでは全体の39％で協力反応が見られたという。


罪悪感を強く意識させられたグループは、なぜか人に対して協力的で、やさしくなってしまったのである。たとえ交渉で自分がソンをすることになっても、相手に協力するようになっていたのだ。

不良ほど、立派な先生になれるワケ

罪悪感を持っている人は、その罪滅ぼしのために、普通の人以上にやさしくなれるのである。若いころに、さんざん悪いことをしてきた不良が、心を入れ替えて、立派な学校の先生になることもある。心理学的にいうと、そういう人は、悪いことをしてきたからこそ、立派な先生になれたのだ、と解釈できる。

もし、悪いことを何もしてこなかったら、おそらくは中途半端な先生にしかなれなかったであろう。生徒思いのやさしい先生になるためには、一度は、悪いことにも自分自身が手を染めることも必要なのかもしれない。もちろん、その後には、たっぷりと反省しなければならないのだが。

Check! 償いの気持ちが、人を根本的に変える

リーダーの資質とは?

こんな人は、いい上司、いい監督になれる!

スタンフォード大学のレベッカ・ショーンバーグによると、罪悪感の強い人ほど、人の上に立つ資質があるそうである。

ショーンバーグによると、罪悪感が強い人というのは、責任感が強く、また、自己を犠牲にしても他人を配慮することができる人であるから、というのがその理由だ。

罪悪感は、責任感とも結びついている。

どれだけ罪悪感を持っているのかを調べれば、そのまま、その人の責任感の強さのバロメータにもなる。

親が子どもを躾けるときには、どうしても子どもが嫌がることをやらせたり、強制しなければならない場面が出てくる。厳しくしないと、子どもは言うことを聞いてくれない。だから、強い態度で接しなければならない。

そのため、子どもに対して、罪悪感を覚える親は少なくないと思うのだが、それはそのまま、子どもに対して責任ある態度を示している、ということでもある。つまりは、立派な親であるという証拠だ。

罪悪感を覚えるほど、子どもに厳しくできる親は、それだけ責任感が強くて、立派に親の務めを果たしているといえる。

子どもに対して、自由放任で、全く叱ることのない親がいるとしよう。

そういう親は、当然ながら罪悪感を覚えることもない。子どもが嫌がることを全然していないのだから。しかし、こういう親は、子どもに対しての責任も放棄しているといえるのではないだろうか。

厳しい先輩、鬼のような上司も同様のことがいえる。

後輩や部下に対して、厳しい指導を行っていれば、普通の人間なら、罪悪感を覚えるのは当たり前である。

しかし、そうやって厳しくするのは、責任感があるからだ。責任感があるからこそ、放っておけないという気持ちになるのである。

「どうせ他人事だから、叱らなくてもいいや」

「部下なんて、どうなろうと知ったことではない」

と責任を放棄している上司は、部下を厳しく指導したりはしない。面倒くさいし、そんなことをすると嫌われてしまうのが目に見えているからである。


けれども、責任感のある上司は、違う。

たとえ自分が嫌われることになろうが、それによって部下が成長してくれることを望んでいるから、心を鬼にして怒るのである。もちろん、その後でたっぷりと罪悪感に苛まれることになるのだが、それも我慢する。

罪悪感を覚えやすい人は、〝見て見ぬふり〟ができない人なのだ。
それだけ、責任感があるのだから、人の上に立つ資質があるといえる。

Check!

他人への厳しさは、責任感の表れである

自助精神はこうして育つ

罪悪感テストでわかること

自分で自分の身を助けたり、他人の力をアテにすることなく、自分の力で切り抜けることを「自助」という。

罪悪感を覚えやすい人は、そういう自助の精神の持ち主であり、自助能力の高い人でもある。

南カリフォルニア大学のスコット・ウィルターマスは、オンラインで調査協力者を募って、罪悪感を測定するテストを受けてもらった。

ちなみに罪悪感を測定するテストとはどんなものかというと、「買い物をしているとき、店員がお釣りを多く渡してきたのを、そのまままもらってしまいました。このとき、あなたはどれくらいイヤな気分になりますか?」といった質問に答えていき、その合計得点で罪悪感の高さを測定するのである。

さて、ウィルターマスは、このテストを受けてもらう一方で、「どれだけ他人に迷惑をかけたくないと思いますか?」という質問もしておいた。

すると、罪悪感テストで高得点を挙げた人ほど、「人に迷惑をかけたくない」という気持ちも強いことがわかったという。

自力で切り抜ける力がつくワケ

罪悪感を覚えやすい人は、人に迷惑をかけるくらいなら、何でも自分の力で切り抜けていこう、という気持ちが強い人でもある。自助の精神を持ち合わせていると考えられるのである。

他人に手助けをされたりすると、
罪悪感の強い人は、非常に重荷に感じてしまう。
「自分はダメな奴だ」「自分は無能だ」という気持ちに苛まれてしまう。

そんな気持ちになるくらいなら、
いっそのこと最初から他人の力をアテにしないようにしよう、と思う。
だから、彼らは、人の力になど頼らなくなるのである。

私自身、罪悪感を覚えやすいタイプであり、こういう心のメカニズムを自分でも感じることがしばしばだ。

他人に頼ってしまったほうがよいことは頭ではわかっているのだが、他人に援助されたりすると、その後で心苦しくて仕方がない。

だから、なるべく自分の力だけで何とかしよう、という気持ちになる。幸いなことに、私は基本的に一人で仕事をしているから、あまり人に頼ることもなく、罪悪感も覚えずにすませられている。

ワリカンの捉え方で、どんなタイプかがわかる

ついでにいうと、私は、人に奢ってもらって飲み食いするのもイヤなタイプだ。

たいていの人は、奢ってもらえれば単純に嬉しいと思うのだろうが、私はそうならない。人のお金で飲み食いしていると、「自分の分まで出してもらって、なんだか申し訳ない」という気持ちのほうが強く、料理それ自体を楽しめなくなる。

それよりもワリカンにしてもらったほうが、楽しく飲み食いできる。その意味では、私

は自分が罪悪感を覚えやすいタイプであることに感謝さえしている。だれにも迷惑をかけずに生きていく力を得ることができるからだ。

Check!

他人の力を借りる状況を減らせるように、自分の力を磨いていこう

「自分は偽善的だ」と自覚するメリットは？

償いの気持ちが芽生え、親切心を持てる

心にもないことを言ったり、行動したりすることを偽善という。

本当はサービス残業などしたくはないのに、嬉々とした表情で、楽しそうに残業して見せたりするのが、偽善である。

大事な取引先の担当者から息子の写真を見せられたとき、間の抜けた顔をしているなと思っても、「うわぁ～、利発そうなお子さんですね」などとお追従を述べたりするのも、偽善である。

そういう行動をとっている人は、ウソをついているような気になり、意気消沈することもあるであろう。自分を嫌いになったりするかもしれない。

しかし、「私は偽善的な人間だ」という意識を持つことにも、まったくメリットがないわけではない。

なぜなら、だれに対してもやさしくなれる、からである。

偽善者には、「自分は良くないことをしている」という認識や、やましさがある。そういう不快感を埋め合わせるために、〝償い〟として、親切な行動をとりやすいのである。

「普段の私は偽善者だが、今日は、お年寄りに席を譲ってあげたから、まあ神さまも許してくれるだろう」という思考パターンをとるので、ものすごく親切になれるのだ。

だから成功者たちは、慈善活動に精を出す

鉄鋼王と呼ばれたアンドリュー・カーネギーも、自動車王のヘンリー・フォードも、マイクロソフトで世界制覇を成し遂げたビル・ゲイツも、ライバルを蹴落とすために、きわどいことをやっていたといわれている。

このため彼らは、自分の資産の多くをつぎ込んで、コンサートホールや図書館をつくるなど、いろいろな慈善活動も行った。もし心にやましさがなかったら、それほど大きな援助もしなかったであろう。

フランスにあるプロバンス大学のヴァレリー・フォンシアットは、偽善の心がある人ほど、援助の心も強く持てると述べている。

偽善の心を持っていたり、偽善的な振る舞いをすることは、決して人に褒められるようなことではないのかもしれない。

だが、それによって強い援助の心も持つことができるのであれば、プラスマイナスでいうと、結局はプラスになるのではないか。

少なくとも、まったく援助の心を持ち合わせず、だれにもやさしくしない人よりは、はるかに有益なことをしているのではないか。

もし読者の皆さんに、偽善の心があるのなら、それを埋め合わせるためにも、どんどん人に親切にしてあげてほしい。そうすれば、人は皆さんに感謝してくれるから、皆さんの心も救われるであろう。

Check!

やましさ、後ろめたさを感じている人ほど、人を助けたいという気持ちも強い

悔しがらないと、人は成長しない

ちょっとした挫折が必要なワケ

物事がうまくいっていたり、成功したりしているときに、人は反省などしない。なにしろ、うまくいっているのだから。

人が心から自分のやっていることを振り返り、「どうしてこうなったのだ?」と真剣に反省するのは、大きな失敗をしたときだけである。皮肉なことだが、人は失敗しないと反省もできないのだ。

失敗することにより、人はより慎重になり、将来に備えるようになる。自分の行動を変えようという気持ちにもなる。その意味では、心が折れそうな経験をしている人ほど、変われるチャンスを手にしているといえるのだ。

テストの結果を左右するのは？

ノートルダム大学のスザンナ・ナスコが行った研究によると、２９３人の学生が1ヶ月の期間をあけて2回の試験を受けたとき、１回目の試験の後で痛い目を見た学生ほど、しっかりと準備をして、２回目の試験で好成績をとったという。

１回目の試験で、それなりの成績をとった学生は、慢心してしまって準備を怠るようになってしまった。そのため、２回目の試験では、さんざんな目に遭ったそうである。

「人生万事塞翁が馬」という言葉がある。

悪い出来事でさえ、長い目で見ると、自分

にとって役に立つことがある、という意味だ。

失敗するのは、短期的に見ると、悪い出来事かもしれない。けれども、それによって将来的に自己変革できるということからすれば、非常に有益な出来事だとも考えられるわけである。

なにしろ人間は、本当に痛い目を見たときくらいしか、反省できない。だから、少なくとも1回は痛い目を見て、鼻っ柱を叩き折られたほうがいい経験になるのではないか、と思う。

失敗できないと退化する

物事がうまくいっているのに、それでも自分に厳しい反省を求めるのはきわめて難しい。どうしても慢心してしまうし、真剣に反省して改善しようという気持ちには、なかなかれないであろう。

孔子や、そのお弟子さんの曾子ほどの聖人であれば、一日に3回も4回も反省できるのかもしれないが、普通の人は、そんなに反省できるものではない。成功しているときには、なおさらである。

成功している人は、何かを改善していこうという必要性も感じないし、自分をさらなる高みに伸ばしていこう、という意欲も持てない。そのため、よくて現状維持しかできず、たいていの場合は、退化していくことになる。

若いうちに、どんどん失敗したほうがいいと言われるのも、若いうちに失敗していたほうが、将来的にはプラスの結果をもたらす、ということが経験的に知られているからであろう。


失敗を避けてはいけない。

むしろ、どんどん失敗して、痛い目を見るのが正解である。


Check!

ちょっとした挫折感はプラスのエネルギーになる!

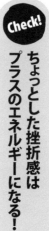

4章

悲観的な人ほど、危機に強い！

「できない前提」で考えるからうまくいく！

悲観的な人は努力をいとわない

一般に、性格は明るい方向に考える「楽観的な人」のほうが好ましいと考えられている。暗いことばかり考えてしまう「悲観的な人」は、あまり人気がない。

では、悲観的であることに、まったく何のメリットもないのだろうか。

そんなことを考えながら論文を調べていたら、決して悲観的なことも悪くはない、ということを示唆する研究がいくつか見つかったので、それをご紹介していこう。

悲観的な人の良いところ。そのひとつは、努力家であるということである。

楽観的な人は、すべての見込みに対して、楽観的な見方をする。「自分なら大丈夫だろう」

と根拠もなく思い込んで、必要な努力をしないのだ。

ところが、悲観的な人は、普通の人と同じようなことをしていたら、自分はうまくいかないのではないか、と怯えている。そのため、必要以上の努力をすることができるのである。

楽観的すぎると詰めが甘くなる

米国オハイオ州にあるトレド大学のアンドリュー・ジアーズによると、楽観的な人はすべての見込みが甘すぎる傾向があるという。

たとえば、ある健康増進プログラムに参加させるとき、楽観的な人は、「自分ならプログラムを遂行するのは簡単だ」という見込み

を立てる。しかし、実際にはすべてを完了できずに終わってしまうことが少なくない。

その点、悲観的な人は、「自分は、できないかもしれない」という見込みを立てる。けれども、フタを開けてみると、実際にすべてを終了できるのは、悲観的な人のほうなのだ。

楽観的な人は、100の努力が必要なときにも、自分にはそんなに努力が必要ではないと考える。80くらいの力を出せば、やすやすとクリアできると考えてしまう。けれども、現実はそんなに甘くないから、結局は、遂行できずに終わるのである。

悲観的な人は、100の努力が必要なときに、150くらいの力を出さないとうまくいかないぞと考えて、全力以上の力で取り組む。そのため、実際には「おや？　思っていたよりも、ずいぶんラクなんだな」と感じ、最後まで遂行できるのである。

物事に粘り強く取り組む、という点では、楽観的な人よりも悲観的な人に軍配が上がる。

悲観的だからといって、あらゆる点で楽観的な人に劣るのかというと、決してそんなわけではないことがご理解いただけよう。

ついでにいうと、楽観的な人に、仕事の予算や日数の見込みを出させると、おそらくは予算も日数もオーバーする結果になる。彼らの見通しは、楽観的なだけに甘すぎるからだ。だから、予算や人員、日数などの計画を立てさせるときには、悲観的なくらいの人にお願いしたほうがいいことも覚えておこう。

Check!

リスクを高めに見積もる力が成果をもたらす

事態が悪化する前に手を打てる

適時に撤退判断をくだせる！

楽観的な人は、たとえ状況が悪くなってきても、事態がそれほど深刻になっているとは思わない。そのため、撤退すべきタイミングを逸してしまうことが少なくない。

悲観的な人は、ほんの少しでも状況が悪くなってきたと思ったら、すぐに逃げることを考える。そのため、状況がひどくなる前に撤退できる。

オーストリアにある、ヨハネス・ケプラー大学のエドワード・ブランドスタッターによると、楽観的な人は、非現実的な楽観性を持っているため、多大なコストを払っても、「撤退しない」を選択しやすく、それだけ痛い目を見る危険性が高いそうである。

ギャンブルをするとき、悲観的な人はちょっとでも損をしたら、すぐにやめる。それ以上、お金を使うのはバカバカしいと考える。ところが、楽観的な人は、ソンを取り戻せるだろうと考えてしまうので、いつまでもギャンブルをやめることができないのである。

新規でオープンした店舗の売上が悪くとも、楽観的なオーナーは、「なあに、そのうち上向くだろう」と考えて、その店舗にさらにお金を注ぎ込んで大損する。

悲観的なオーナーは、思うように売り上げが伸びないということに気づいたときには、すぐにその店舗を処分するための計画を立てる。そのため、少しはソンをするかもしれないが、本当にひどいことにならずにすむ。

自分を過信せず、機敏に対応できる

悲観的な人は、物事はそんなに甘くないという根本的な思想を持っているから、ほんの少しでも自分がソンをするような兆候を見つけたら、ただちに逃げることを考える。危険な船から、真っ先に逃げ出すネズミと一緒である。

楽観的な人には、なかなかそういう判断はできない。「そのうち状況は改善されるだろう」と、根拠もなく思い込んで、ずるずると撤退の判断を先送りする。そのため、完全に手の施しようがない状態になるまで、事態を放っておいてしまうのである。

撤退したほうがいいのに、なかなか撤退の判断ができないことを「コンコルド効果」という。コンコルドは、イギリスとフランスが共同開発した超音速旅客機だったが、ビジネスとして失敗していることが明白であったにもかかわらず、廃止されるのが遅れた。「まだ大丈夫」という楽観性によって、判断が遅れたのである。

物事は簡単に諦めてはいけないといわれるが、さっさと逃げたほうがいいときもある。その点、悲観的な人は逃げ足の速い人であるともいえる。

Check! **逃げるが勝ちも、立派な戦術のひとつ**

用心深さが成功を呼ぶ

失敗の芽を1％でも摘んでおく

他人から「そんなに心配いらないよ、大丈夫だよ」と言われても安心できないのが悲観的な人。こうした人は下準備をしておくことに余念がないので、結果的にうまくいってしまうことも多い。

「プレゼンの時間を30分でなく、いきなり5分にしてくれ、と言われたときのために、要約版の資料も作っておくか」

「せっかく会っていただけるのだから、企画書をもう2本ぐらい余分に準備しておこう」

「打ち合わせが早く終わったとき、相手に楽しんでもらえるような雑談のネタをいくつか調べておこう」

こんな感じでしっかりと準備できるのが悲観的な人のいいところだ。どんなに実力と才能があっても、過信したりはせず、準備をするのだから、鬼に金棒である。

いつでも自戒しながら努力できる

ノース・キャロライナ大学のローレンス・サンナは、悲観的と判断された学生と、楽観的と判断された学生の両方に、「10日後の試験で、どれくらいの点数をとれると思うか？」と尋ねてみた。

当然、悲観的な人は、自分がとれる点数を低く見積もった。自分は、将来のテストでうまくいかないだろう、と考えていたのである。

けれども、実際の試験では、悲観的な人と楽観的な人には差がなかった。むしろ、悲観的な人のほうが、若干、点数が高いくらいであった。おそらくはしっかりと準備しておいたおかげであろう。

悲観的な人が考えていることは、たいていの場合、杞憂に終わる。

けれども、そこで安心したりしないのが、悲観的な人の美徳である。「1回くらいうまくいったからといって、のぼせあがっていたらダメだ。次はうまくいかない可能性のほうが高いんだから」と、いつでも自分を戒めることができるのが、悲観的な人の特徴である。

悲観的なことばかり考えていたら、さぞかし本人は苦痛であろう。悲観的な自分を呪うこともあるであろう。

けれども、失敗する芽をことごとく摘み取ろうとする行為は、結果として、大きな失敗を招かないだけでなく、自らを向上させるという美徳につながっている。ぜひ、この点を十分に認めて、悲観的な感情がわいてきたら、否定せずに受け入れてみよう。

Check!

「万全に準備しておくクセ」を大事にしよう

愚直な人は意志が強い！

やると決めたことは貫ける

正直すぎて臨機応変に対応できない。ぶれずにひとつのことを繰り返す。こうした人を愚直な人と呼ぶ。「愚直」という言葉には、「愚かな」という言葉が入っていることからもわかるとおり、褒め言葉というよりは、けなし言葉である。

あれこれと計算して、策略を張り巡らせる狡猾さとは反対のあり方である。ときとして、不器用さや頑固さがクローズアップされ、嘲笑の対象にされることもあるので、愚直さを恥だと捉える人もいるかもしれない。

だが、愚直な人は、他人の評価よりも、自分の感じ方を何よりも大事にする。周囲の思

惑に左右されないので、いったん自分がやると決めたことは決して投げ出したりしないのだ。

いまどき、ここまでひとつのことをやり続けることができるというのは、非常に立派なことではないだろうか。

ダイエットのために運動しようと決めても、たいていの人は3日も続けることができずにやめてしまう。資格を取ろうと勉強することに決めても、普通の人ならそのうちにやめてしまうことのほうが多い。

ところが、愚直な人は、いったん自分が決めたことは、死んでもやり通す。そういう強

い意志力がある。

イソップ物語の「ウサギとカメ」の話でいうと、愚直な人はカメである。カメは、ウサギに比べて、走る能力は劣る。けれども、先に目標に到達できるのは、愚直なカメではなかったか。

人間も同じで、愚直な人間が才ある人間を超える、ということはよくある。

ペンシルバニア大学のアンジェラ・ダックワースは、ナショナル・スペリング・コンテストという、綴りの能力を競う全米大会に参加した190名の子どもたちを調査したことがある。

彼らは、全米中から集められたスペリングの天才児ばかりだったのであるが、もともと優れた記憶力の持ち主だったのだろうか。あるいは言語の知能が異様に高い子どもたちだったのだろうか。ダックワースが調べたところ、そうではなかった。

彼らは、人並みの記憶力しか持っていなかったし、知能指数もごく普通だったのである。けれども、彼らにはある特徴があった。

それは、「努力をいつまでも継続できる力」だったのである。

普通の子どもなら、うんざりして投げ出してしまうところでも、彼らは愚直に練習を続けることができたのである。


天才というのは、生まれつき天賦の才能を持っている人ではなくて、努力を継続できる能力を持っている人のことを指す。「あいつは、ひとつのことしかできない」とバカにされることがあるかもしれないが、そんなことは気にしなくていい。

ひとつのことをずっと継続できるのは、たいしたものである。いったん開始したら、最後までやり続ける、という愚直な性格の人は、学業でも仕事でも成功するものだからである。


Check!

愚直な人には、ひとつのことを続ける力が備わっている

予期できるから、ストレスが減る

「ストレス予期」の効果とは？

私たちは、どんなに辛いことであろうと、あらかじめ事態を予期しておけば、その辛さに耐えることができる。これを「ストレス予期」という。

悲観的な人は、「ストレス予期」ができる人でもある。
あらかじめストレスを感じるということがわかっていると、実際にはそれほど強くストレスを感じずにすむ。

同じくらいのストレスがあっても、予期しておくか、しておかないかで感じるストレスの度合いは大いに違ってくるのだ。

ストレスが減ったグループとは？

米国デューク大学のアンドリュー・カートンは、文章中に「a」というアルファベットで始まる単語を見つけ、その単語を線で消していく、という作業をやらせてみた。ただし半数の参加者には、監督者からいろいろ邪魔されることを伝えておいた。邪魔が入るというストレスを予期させておいたのである。残りの半数には、そういう予期を与えず、いきなり作業中に邪魔をした。

作業の時間は12分間だったのだが、どれくらいの単語に線を引けたのかを調べてみると、ストレスを予期したグループでは144・11語であり、予期できなかったグループでは125・84語であった。

ストレスを予期できたグループのほうが、あまりストレスに悩まされず、イライラもせずに作業に集中でき、その分、たくさんの作業量をこなせたのである。

ストレスを予期しておくことはいいことだ。

自分が仕事をするときにも、「上司に邪魔されるかもしれないぞ」「不意にお客さまがやってきて、自分の仕事ができなくなるかもしれないぞ」と予期しておけば、実際にストレスを感じる事態が生じても、なんとか耐えられるものである。

バラ色の未来などを想像していると、ストレスを感じる事態が起きたときに、そのストレスに対処できなくなる。だから悲観的な人のように暗いことを考えて、ストレス予期をしておくことは、決して悪いことではないのだ。

Check!

バラ色の未来を描きすぎると、ハプニングに対応できなくなる

困難はすべて想定内！

事前に予期しているので、簡単に諦めない

「これから取り組む仕事は、ものすごく大変なんだ」と思っていれば、簡単に諦めたりはしなくなる。

なぜなら、困難であることをあらかじめ予期できるからだ。

新入社員は、なるべく明るい期待などを抱かないほうがいい。

どんな業種でもそうだと思うが、ラクな仕事などありはしないからである。

自分がこれからやる仕事は、非常に困難で、辛くて、苛酷なのだと思っていたほうが、すぐに諦めて投げ出したりはしなくなる。

困難さを予期しておけば、人は我慢強くなれる。

テキサス大学の実験データが示すこと

そのことを示すデータがあるので、ご紹介しておこう。

テキサス大学のイン・チャンは、191名の大学生に、どうやっても解けないアナグラムの問題を与えて、どれくらいで投げ出すのかを調べてみた。

ちなみに、アナグラムというのは、単語をバラバラにしたものを並べ替えて、意味のある単語を作成する課題のことである。

たとえば、「り・が・ぶ・つ・く」という単語が与えられたとしたら、それを「ぶつりがく」（物理学）という意味のある単語に並べ替えることができたら完成となる。

ただし、この実験では、どう並べ替えても解けないアナグラムの問題が与えられた。どれくらい我慢強く取り組んでくれるのかを調べることが目的だったからである。

実験に先立って、半数の学生には、「作業は難しいので、おいそれとは解けないでしょう」

という予期を与えた。残りの半数には、「作業はやさしいと思いますよ」と伝えておいた。

では、実際に問題を投げ出すまでに取り組んだ時間はどうだったのか。

困難さを予期していたグループでは、7・91分。

やさしいと思い込まされたグループでは6・29分で投げ出した。

甘い期待は足を引っ張るだけ

この実験でわかるとおり、「作業はキツイ」と思っていれば、たとえ解けなくとも人間は簡単に投げ出さなくなるのである。

「仕事が大変なのは、当たり前」
「サービス残業など、当たり前」
「牛馬のごとく、こき使われるなんて、当たり前」

仕事に対しては、このぐらいに考えておくとよい。なぜなら、そう思っていれば、実際の困難に遭遇しても、怯まなくなるからである。期待が裏切られることもなく、失望することもない。

甘い期待など、絶対に抱いてはダメである。

現実は、そんなに甘くないことがほとんど。

辛さに耐えたいのなら、その辛さをあらかじめ予期しておこう。そうすれば、「なあんだ、意外にたいしたことないんだな」と感じることさえできるだろう。

Check!

「仕事はキツイもの」と心得ておけば、ヘコみにくくなる

5章

コンプレックスを逆手に取る「世渡り術」

人の感じ方はコロコロ変わる

「好かれる理由」が「嫌われる理由」に！

優しくて、面倒見がいい、楽しくて、前向きであること。いずれも人に好かれる要素が詰まったプラスの気質に見える。

だが、「禍福は糾《あざ》える縄の如し」とはよくいったもので、好かれる要素であったものが、嫌われる原因になったり、その逆になったりすることは、よくあることだ。

カリフォルニア州立大学のダイアン・フェルムリーは、こうした現象を「フェイタル・アトラクション」と名づけている。直訳すれば、「致命的な魅力」。もともと魅力的だとされていたものが、しばらくすると逆に嫌悪を催す原因となってしまうことがあるのだ。

フェルムリーが数多くのカップルを調査したところ、もともとは「楽しい人」という理由でパートナーを選んで付き合い始めたのだが、そのうちに「軽薄な人」であるとか、「いい加減な人」と感じるようになり、別れを決めた人が22・8％もいたという。

また、最初は「面倒見がいい」という理由で付き合い始めたのに、そのうち、「束縛してくる」という理由で別れてしまう人も19・6％いたという。

相手の性格が変わったのではない。

ただ、自分の目にどう映るのかが変わったのだ。

「楽しい人」というのも、見方を変えれば「ち

ゃらんぽらんな人」にすぎないし、「頭がいい」というのも、「堅物」であるとか、「エリート臭くて鼻につく」という理由に転じることがある。まことに人間の心というのは、不思議なものである。

悪い印象が一転、好印象になることもある

もともと好かれる理由でも、嫌われる理由になるのだが、その逆もある。

よく結婚式のスピーチで、「新婦は、もともと新郎のことをあまりよく思っていなかったそうですよ」などと友人が暴露することもあるが、最初の印象が悪くとも、そのうちに好ましい印象へと変わることは、現実によくある。

最初は、「陰気で、つまらない人」だと思われていたのに、そのうちに「控えめで、落ち着いた人」と評価されることもある。

“熟知性の原理”とは？

かりに自分の性格があまり好ましくない（と自分には見える）場合でも、そんなに気に

しなくていいのである。私たちは、相手の内面を知れば知るほど、好意的に受け取るようになるという傾向がある。これを心理学では、〝熟知性の原理〟という。

親しくなって慣れてもらえれば、どんな性格も好ましく評価される可能性があるのだ。ちょっとぐらいコンプレックスに感じていることがあったとしても、他人は好意的に見てくれるから、何の心配もいらないのである。

それにコンプレックスは、その人らしさを示すものであり、それなくしてはその人を語れない大事な個性ともいえる。その特質を生かすことはできないか、という視点で捉えてみると、意外と道は開けるものだ。本章ではこうした点についても、より踏み込んで考えていきたい。

Check!

どうせ人の見方は変わる。無理して性格を変える必要はない！

交渉ベタはこうする!

苦手なら、交渉以外の道を探る

「私には、交渉スキルがない」

こういう自覚があることは、大変にありがたいことである。

なぜなら、交渉のスキルが自分にはさっぱりない、ということをあらかじめ自覚しておけば、交渉に頼らずにすむからだ。

ヘタに交渉のスキルがあると勘違いしている人は、実際に交渉に臨んで、自分の言い分を通そうとするであろうが、いきなり交渉などを持ちかけても、たいていの場合、そんなにうまくいくものでもない。

ビジネスマンにとって、交渉スキルは必須スキルのひとつとされている。けれども、交渉スキルなど、本当は高めなくともいいのだ。交渉などしなくてすむように、「根回し」の達人になればいいからである。

うまくいく人は、交渉前に何度も会う

では、どうすれば根回しができるのかというと、簡単な話で、どんどん相手に会いに行って、おしゃべりしていればいいのである。たったそれだけである。

私たちは、頻繁に会っている人に対しては、自然と親しみがわく。

何度も顔を合わせていると、いつの間にか友達のような間柄になる。

こうなると、多少の無理なお願いをされても、「まあ、聞いてあげようかな」という気持ちになる。これが根回しだ。

交渉のときに1回だけ顔を合わせたからといって、それですべての話がまとまる、などということはない。お互いに不信感を持っているからである。

そういう不信感を払しょくするためにも、交渉する前に、できるだけ相手と何回も顔を合わせておくといい。これが、成功の秘訣である。

南フロリダ大学のノーマン・ボゼムは、疑似交渉をさせる実験において、交渉が始まる前に相手とおしゃべりさせればさせるほど、交渉の結果がまとまりやすくなることを明らかにしている。

交渉スキルがないのなら、とにかく根回しの達人を目指そう。交渉で何とかしようとするのではなく、ただただ相手に会いに行くだけでいい。それだけでも、交渉はけっこううまくまとまってしまうものである。

Check!

交渉する前に、何度も会っておこう

心配性な人ほど、勝者になれる

先を読んで行動するから、うまくいく

小心者で、何事も「心配しすぎる」タイプがいる。柳を見ても、幽霊がいると勘違いして、震えだしてしまうような人物だ。

さて、心配性にはどんな長所があるのだろうか。

それは、仕事のパフォーマンスが高いということである。心配性の人のほうが、実は仕事ができる人、ということを示すデータがあるのだ。

イギリスにあるゴールドスミス大学のアダム・パーキンスは、「心配性」（worriers）

ほど、「勝者」（winners）になれる、というまことに勇気づけられる論文を発表している。

パーキンスは、とあるフィナンシャル会社に勤めるマネジャー68名にコンタクトをとってみた。そして、どれくらい心配性なのかを調べさせてもらう一方で、仕事のパフォーマンスについても調べてみた。

ちなみに、「仕事のパフォーマンス」とは、上司にお願いして仕事ぶりに得点をつけてもらったものである。自己評価ではない。本人が「私は仕事ができる」と思い込んでいる度合いではなく、上司の評価である。

パーキンスによると、本人が心配性であるほど、不思議なことに、仕事のパフォーマンスは高かったという。上司からは、ものすごく高く評価されていたのであった。

心配性の人は、物事の先を読んで動くことが多い。上司が資料を必要とするときには、「すでに私が作っておきました」といって、必要な資料を差し出す。そういう、〝痒いところに手が届く〟振る舞いをするので、仕事ぶりが高く評価されるのであろう。

気が利いて、仕事にヌケモレがない

心配性の人は、細かいところも気になって仕方がない。これもまた、仕事ぶりをよくする長所として働く。

たとえば、「会議室を予約しておいてくれ」と上司に頼まれたとき、心配性の人は、予約が他の人と重なっていないか、何度も確認する。そのため、会議室の利用が他の人と重なってしまって使えなくなってしまう、という事態を避けることができる。

また、会議が始まる前には、自分が先にカギを開け、室内の空気を入れ替えるために窓を開けたり、机や椅子を並べたり、掃除をしておいたりする。心配性だから、小さなところも気になるのだ。

けれども、そういう振る舞いをするからこそ、結果として、「仕事ができる人」になれる、というわけである。

パーキンスは、「心配性ほど、勝者になれる」と指摘しているが、本当にその通りだと思う。小心者、臆病者でなければ、なかなか痒いところに手の届く振る舞いはできないものだ。

Check!

細部までこだわる徹底ぶりが仕事に生きる！

忘れっぽい性質を極めよ

苦痛な記憶も消し去れる！

忘れっぽいことは、一般に欠点として扱われる。人と交わした約束を忘れたり、名前を忘れてしまったりすることは、たしかに失礼きわまりないことである。

記憶力に乏しいことは、とても長所とは考えられない。新しい知識もなかなか覚えられないのでは、学業でも仕事でも成功するのは難しいであろう。

……と、普通ならそう思う。だからこそ、記憶術の本を読んだりして、どうにか忘れっぽい性質を改めようとする人が後を絶たないわけである。

だが、忘れっぽいことにも、いいところがある。それは、苦痛な記憶にいつまでも苛まれずにすむ、ということだ。

イギリスにあるバース大学のバス・ヴァープランケンは、「物事の記憶をとどめて」おいたり、しょっちゅう「思い出したり」することは、決して本人にとっては有益な働きをしない、と述べている。

ヴァープランケンによると、苦痛なことはさっさと忘れてしまったほうが、人の健康に良い効果をもたらすというのだ。その点では、忘れっぽいほうがいいのである。

たとえば、人に不愉快なことをされたとしよう。忘れっぽい人は、翌日には、イヤな目に遭ったことをケロッと忘れてしまうので、そんなに悶々としなくてすむ。ところが、忘れにくい人は、いつまで経っても口惜しさや怒りを感じ続けることになる。

忘れっぽい人は、物事に執着しない人でもある。いつまでもしつこく人を恨んだりはせず、さっさと水に流せる人でもある。それが、忘れっぽい人のいいところだ。

古い日記をむやみに読み返すな

ちなみに、日記をつけない人のほうが、心は健康でいられる、というデータもある。

スコットランドにある、グラスゴー・カレドニアン大学のエレイン・ダンカンの調査によると、日記をつける習慣がある人のほうが、不安を感じやすく、不眠に悩むことも多かったという。

ダンカンによると、日記をつけている人の66％は、古い日記を捨てずにとっておく習慣があり、88・7％は古い日記を時折、読み直したりしている。古い日記を読むたびに、苦々しい記憶を思い出すことになるわけで、それが心の健康を損なうことになるのではないか、というのがダンカンの分析だ。

日記をつけるのであれば、イヤなことではなく、むしろ未来に向けた建設的な夢を書き綴ったほうがいい。日記のつけ方のコツとして覚えておくといいであろう。

Check! **どうせ日記をつけるなら、気持ちが上がることを書こう♪**

自尊心が高い人は要注意！

暴力を振るうタイプとは？

従来、自尊心の低い人ほど、暴力的な傾向があり、犯罪にも手を染めやすい、と考えられてきた。受験で失敗したり、仕事がうまくいかなかったり、社会生活から落伍して、自尊心が低下した人が、犯罪をおかすのだ、というのは何となく理屈にかなっているようにも思える。けれども、事実はどうも逆であるらしい。

米国ケース・ウェスタン・リザーブ大学のロイ・バウマイスターによると、暴力や犯罪は、自我が脅かされた結果として生じる。人にバカにされることで自我が傷つけられたと感じた人が、自尊心を取り戻すために暴力的になるというのだ。

その点、もともと自尊心が低い人は、他人からバカにされても、さらに自尊心が低下するようなこともなく、そんなに脅威を感じることはない。だから、実際には、プライドが高く、自尊心が高い人のほうが、キレやすいというのがバウマイスターの分析である。

自尊心が高すぎる弊害とは？

ブチ切れることが多いのは、自尊心が低い人ではない。むしろ、自尊心が高すぎる人である。

そういえば、以前、エリート政治家が秘書に暴言を吐きまくっているニュースが連日のようにテレビで流れていた。有名大学を卒業することで自信がつき、自尊心が高くなった人は、ほんの些細なことでも、自尊心が傷つけられたと感じると、それが許せず、こういうキレ方をしてしまうのであろう。

「何でそんなことで？」というところでもキレてしまうのが、自尊心の高い人の特徴である。

会社でもそうで、つまらないことでキレるのは、幹部や経営者に多い。

彼らは、自分が偉い人間だと思い込んでいて、その分、自尊心が高い。だから、ほんの少し相手に待たされたとか、自分よりも先に他の人にお茶を出されたとか、どうでもいいようなことでもすぐにキレる。

自尊心が低くて、自分にあまり自信が持てない人は、自分が他人よりも後回しにされようが、失礼なことをされようが、そんなに腹を立てることもない。自分の思い通りにならないことがあっても、「まあ、しかたないか」と軽く受け流すことができる。

自尊心が低ければ、それだけ腹を立てることも少ない、ということからすれば、毎日が平穏に過ごせるという利点があるわけである。

Check!

自尊心が高すぎると不寛容になる

自己主張しない人ほど、周りを動かせる

自己抑制する力がある

言いたいことがあっても、つい口をつぐんでしまい、自己主張できない人がいる。

吉田兼好は、『徒然草』の中で、「もの言わぬは、腹ふくるるわざなり」と述べている。言いたいことを我慢していると、イライラしすぎてお腹が膨らんでしまうような気がするというのだ。

言いたいことが言えない人は、「もっと強く押せればいいのに」と後悔することがあるかもしれない。けれども、言いたいことがあっても、ぐっと自己抑制できるのは素晴らしいことである。いつでも控えめでいられることは、人間としての美徳だともいえる。

控えめな人はメンバーを活かせる

押しの強い人は、リーダーにも選ばれやすく、そういう点では有利だ。

米国フィラデルフィア州にあるドレクセル大学のクリスチャン・レーシックは、メジャーリーグのCEOを1903年から2002年までの、ほぼ100年分の記録を調べてみた。チームのオーナーたちは、いったいどんな性格をしていたのか。

だいたい予想がつくと思うが、たいていのオーナーは、非常に押しの強いタイプであった。競争的で、負けん気が強く、絶対に妥協などしないタイプが多かった。

けれども、そういうタイプがCEOを務めているときには、マネジャーも選手も辞めやすく、結果としてチームの勝率も下がることが明らかにされたという。球団の利益が上がったり、ファンの入場者数が増えるということはあったが、チームの雰囲気は悪くなってしまったのだ。

その点、控えめなタイプがCEOを務めているときには、逆のことが見られた。下で働

くマネジャーも選手たちも辞めることはなく、チームの勝率も上がったのである。

押しが強ければ、いつでもうまくいくのかというと、そんなことはない。

「北風と太陽」という寓話がある。どちらが旅人のコートを脱がせることができるのかで競ったのだが、強引に吹き飛ばそうとした北風は失敗し、暖かな日差しを与えた太陽が、結局は勝利した。

押しが弱くて、言いたいことが言えないような控えめな人は、自分のことを太陽だと思えばいい。そういう人は、決して無理強いを

しない。けれども、最終的に、人が言うことを聞いてくれて、好感を抱いてくれるのは、控えめな人のほうではないだろうか。

押しの強い人はともするど、自分の意見を通すために、従わない人を頭ごなしに叱ったり脅したりするなど、脅迫じみたやり方をとってしまうこともある。これでは、相手の心を硬化させてしまい、思ったように人を動かせない。

アメリカのトランプ大統領などは、たしかにリーダーシップがあるのかもしれないが、あまりよくないリーダーシップだと思う。どれほど自分のやりたいことを強要したからといって、人がその通りに動いてくれることは期待できないのだから。

Check!

価値観を押しつけないほうが、相手も素直に応じてくれる

クリエイティビティは、ズルさにつながる

独創性を追い求めなくてもよい

新しいアイデアやデザイン、商品や計画などを生み出せる人を、「クリエイティビティが高い人」と呼ぶ。

クリエイティビティについても、世の中では、あまりに過大評価されすぎているような気がするのは、私だけなのだろうか。

独創的なアイデアを生み出す力は、本当に、そんなに必要なのだろうか。私は、大半の人にはそんな能力がなくてもまったく大丈夫だと思っている。

私は、独創性のかけらもないような人間で、古臭い考えに縛られているし、革新的なアイデアや発想などを生み出せないけれども、それで困ったという経験が一度もない。私を含め、ごく普通の生活を送っている人には、そんなにクリエイティビティなど必要がないように思うのだが、いかがであろう。

誠実で正直であることは誇れる資質

発想力がない、独創性がない、自分はクリエイティブではない、と思っている人のほうが、性格的にいうと誠実で、正直だ、ということを示すデータもある。

調べたのは、ハーバード大学のフランセスカ・ジーノ。ジーノによると、クリエイティブな人というのは、不誠実で、不正直で、ズルい人が多いのだという。

「ルールに縛られない発想をする」「常識を打破する」などというと格好いいが、ジーノによれば、そういう人は、平気でズルをする人でもあるのだ。

クリエイティブな人の根本思想は、「勝てば官軍」であり、どんなにズルいことをしようが、最終的に勝てればいいというものなのである。だから、不正直なことをするのもためらわない。

一方、常識的で、あまり独創的な考えができない人というのは、自分が持っている常識を疑わない人であり、そういう人は、すでにあるルールを守ろうとする。だから誠実であり、義理堅くなる。伝統的で、保守的な人は、誠実で、正直な人なのである。

古いものをぶち壊してやろうとか、何か革新的なことをやってやろうという人は、心のどこかにズルいところを持っている、と心理学者なら考える。

現代の日本では、クリエイティブであることが、いささか過大評価されすぎているように思う。別にクリエイティビティが低くとも、現実には困ることはそれほどないし、性格的に見ても、ズルいことをしないタイプなのであるから、独創性がないということをコンプレックスに思ったりせず、もっと胸を張っていいと思う。

Check!

常識的で、正直なタイプの人はわざわざ独創性を磨かなくてもよい

腰が重い人ほど回り道せずにすむ

後先考えずに着手すると、無駄が増える

物理を学ぶ学生と、物理を教える教授のそれぞれに物理学の問題を与えて、その解答の仕方を調べた研究がある。

それによると、大学生は問題が与えられるとすぐに解き始めた。思いつく限りのやり方をとにかく何でも試そうとしたのである。

ところが教授のほうは、なかなか取りかかろうとはしなかった。しばらく考えてから、最適の解法を見つけて一発で解く、というやり方をしていたのである。

「やるべきことに取りかかるのは早いほうがよい」と考えられているが、それもケース・

バイ・ケースであろう。
いきなり試行錯誤を始めるのは、あまりにも効率が悪い。

ダンドリを考えるから、効率的に進められる

コロンビア大学のアンジェラ・シュも、単純にやる気がなくて取りかかるのが遅いのはダメであるが、意図的に、積極的に遅らせることを好むタイプは、計画的であり、仕事ができる人であると述べている。
何でもスピーディに、すぐ行動すればいいのかというと、それはちょっと違う。スピーディにやろうとすると、どうしても無計画で無駄な行動も増えてしまうからだ。

取りかかるまでには時間がかかるかもしれないが、しっかりダンドリを整えてから取り組んだほうが、つまり、意図的に遅らせたほうが、かえって仕事は早く片づく、ということはよくある。

「計画なんて立てるのは面倒だよ、とにかく片っぱしからやればいいんだよ」という考えの人は、結局は時間がかかるだけで、解決にたどりつくことはできない。何でも早くやればいい、というわけでもないのだ。

与えられた時間の8割を準備に使い、実際に行動する時間が2割しか残されていなくとも、やはり準備に時間をかけたほうが、うまくいく。仕事はそういうものである。いきなり無計画にやろうとしても、たいてい途中で失敗することになる。

「とりあえず動け！」

「迷うな！　行動しろ！」

という勇ましいことを言う人もいるが、それは間違いなのだから、耳を貸す必要はない。取りかかるのが遅いと文句を言われても、しっかり準備が整うまでは、動き出すのを待ったほうがいい。

本を執筆するときもそうで、「とりあえず何か書いてみるか」と思って書き始めたりすると、後でものすごく苦労をする。私は、何回もそれで困った目に遭ったので、最近は絶対にいきなり書き始めたりはしない。

たっぷりと資料を読みこんで、十分なネタが集まるまで我慢したほうが、結局は一気に書き終えることもできる。やはり準備が一番重要なのだ。

Check! **見通しを立ててから行動したほうが、労少なくしてうまくいく**

「愛想がない人」は知的に見える

笑顔に対する捉え方は、国によって異なる

笑顔を見せられる人は、より魅力的で、より有能で、より親しみやすい、と思われやすくなる。だからこそ、「人付き合いでは、笑顔が大切」といわれているわけである。

たしかに、笑顔を見せることは大切だ、というデータはいくらでもある。

しかし、どうしても笑顔をつくるのが苦手な人、どうしても愛想よくできない人は少なくない。こうした人たちは本当にソンばかりするのであろうか。

どうも、そうとばかりはいえないようである。

ポーランド・サイエンス・アカデミーのキューバ・クリスは、あまりニコニコせず、仏頂面でも、そんなに悪く評価されない文化や国もあるのではないかと考えた。

たとえば、日本。日本では、「男は三年に片頬」という言葉があり、男は三年に一度だけ、それも片頬を少しニヤリとさせるくらい笑えば、それで十分だといわれている。にこやかにしていると威厳が失われるから、むしろ笑わないほうがいいのだ、という文化を持った国は、日本以外にもたくさんある。

クリスは、44の文化について約4500名の調査を行ってみた。どんな調査かというと、4枚の笑顔の写真と、4枚の無表情の写真を見せて、どんなイメージを与えるのかを調べてみたのだ。

すると、44の文化のうち、18の文化では、「笑

顔を見せた顔は、知的に見える」という答えが返ってきた。

一方、日本、インド、韓国、イラン、ロシア、フランスでは、笑顔を見せていると、逆に「知的でない」という答えが多かったのだ。国によっては、笑顔を見せないほうが、よい印象を与えることが確認されたわけである。

ニコニコしていると、「バカっぽく見える」ということもあるのだ。笑顔など見せず、黙っていたほうが、「知的に見えて、トクをしますよ」ともいえる。

軍隊では笑いはマイナス評価につながる

さらに、もうひとつ面白いデータをご紹介しよう。よく「女は愛敬」などといわれ、笑顔を見せる女性は可愛らしいということになっているが、男性の場合には、どうも笑顔を見せていると出世が遅れてしまう、というデータがある。

ドイツにあるマールブルク大学のアルリッヒ・ミューラーは、士官候補生の卒業アルバムの顔写真を分析し、にこやかに笑っている顔と、無表情で映っている顔を抜きだした。そして、20年後の軍隊での階級を調べてみると、無表情でアルバムに映っていた人ほど、階級が上で、出世していることがわかったのだ。

この結果について、ミューラーは、笑顔を見せていると、人あたりのよさは感じさせることができても、威厳を失ってしまうからであろう、と分析している。

笑顔を見せることは大切なことだと思うが、「自分には、どうしても無理」だというのなら、我慢してまで愛想よくする必要はない。仏頂面でいたほうが、かえって、あの人は頭がいい、威厳があるといった好ましい印象を与えることも、ないわけではないからだ。

気持ちのいい笑顔を見せるのが得意ではないのなら、彫像のような顔をして、ほとんど表情を動かさないトレーニングをしたほうが、現実的には役に立つかもしれない。

Check!

ぎこちない笑顔をつくるぐらいなら、表情を変えないほうがいい

不道徳だが、心の平安を保てる方法

私たちは何でもすぐに比べたがる

私たちの感じる幸福感というものは、他人との比較から生まれる。

自分より上の人と自分とを比べると、気分が落ち込むし、自分より境遇が下の人と比べると、嬉しい気持ちになる。

幸福感というものは、あくまでも他人との比較から生まれる、相対的なものにすぎない。

美人の彼女がいる男性でも、自分の彼女よりもきれいな女性を連れている男性を見かけたら、悔しい思いをするであろう。

百坪の大きな家に住んでいて、それなりに満足している人でも、自分の友人が千坪の豪邸を建てることになったら、きっと嫉妬するに違いない。

このように、私たちは大小さまざまな事柄をあれやこれやと比較して、幸不幸を感じている。

「落ち込み防止策」として有効

いつでも幸せでいるコツは、「自分より下」の人と自分を比べることである。

どんなにひどい境遇にあろうが、「あいつに比べたら、自分なんてはるかにマシだよ」と思える人と自分とを比べていれば、幸福を

感じることができる。

相手を下に見ることを、〝蔑視〟という。
蔑視するのは、良くないこととされているが、それによって本人が幸福を感じられるのだとしたら、そんなに悪いことでもないと思う。

もちろん、相手を見下したり蔑んでいることを、決して相手に悟られてはならないが。心の中でこっそりと蔑視し、それによって幸福を感じるくらいは、許されるのではないか。

カナダにあるサニーブルック・ヘルス・サイエンス・センターのイザベル・バウアーと、コンコルディア大学のカール・ロッシュは、18歳から35歳までの56名と、60歳以上の48名についての調査から、「自分より下の人と比べる傾向」がある人ほど、人生で後悔する出来事があったときにも、そんなにネガティブな感情を抱きにくいことを突き止めた。これは、若い人も、年配者もそうであった。

たとえば、志望大学に入学できず、第二志望の大学に入学することになったとしても、「浪人した奴に比べれば、自分は恵まれている」と思えば、そんなに苦痛を感じることもないし、仕事で失敗して減給や降格させられたときにも、「借金まみれの人に比べれば、たいしたことはない」と考えるクセがある人のほうが、幸せでいられるのである。

相手を蔑視するのは、道徳的に見ると、悪いことなのかもしれない。けれども、相手を見下すことによって、心の平穏さを取り戻すことができるということからすると、蔑視の心を持つことにも少しはメリットがあるのである。

Check!

落ち込みそうなときはこっそり、つらい境遇にいる人と比べてみよう

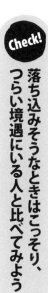

適度なウソで安心させよ

バカ正直すぎるデメリットとは？

私たちは、小さな頃から、「ウソをついてはいけません！」という教育を受ける。そのため、ウソをつくことが何やら悪いことであるかのように思い込まされてしまう。

では、ウソをつくことはそんなに悪いことなのだろうか。

私は、そう思わない。

社会で生きていくうえでは、ウソをつかなければならない場面など、掃いて捨てるほどある。いつでもホンネを出していたら、世の中を渡っていけるわけがない。

たとえば、職場の飲み会に出席したとき、退屈だからといって、「退屈なんで、もう帰りますね」と正直に言ったら、どうなるか。

おそらくは、だれからも相手にされなくなってしまうであろう。

こんなときには、「帰ってから少しやる仕事があるので、お先に失礼します」などと適当なウソを並べて退散するのが正解である。こういうウソはついてもまったく問題がない。


いつもホンネをぶちまけていたら、相手もイヤな気分になってしまう。だからこそ、上手にホンネを隠し、ウソをつくことが必要になるのである。ウソをつくことは、立派な社交術なのだ。

ほどほどのウソが心地よさを生む

カリフォルニア州立大学のロナルド・リッジオは、38名の大学生に、人付き合いの技術を測定するテストを受けてもらう一方で、彼らがどれくらい上手にウソをつくことができるのかを調べてみた。

具体的には、ビデオの前で、自分自身についての本当の話とウソの話とを織り交ぜながら話をさせ、その場面を撮影したビデオを別の34名の判定者に見せて、どれくらい見抜けるのかを調べてみたのである。

その結果、ウソをつくのが上手い人（つまり、判定者にウソだと見抜かれなかった人）ほど、人付き合いの技術を測定するテストでも高得点を挙げたのである。ウソつきであるほど、人付き合いもうまいということだ。

私たち日本人には、善良な人が多いので、ウソをつくたびに、いちいち罪悪感を覚える人もいるであろう。

「ああ、またウソをついちゃった」と気分が落ち込んでしまう人もいるであろう。

しかし、ウソをつくことは、人付き合いにおいても必須のスキルなのであり、そんなに気に病む必要もないと思われる。むしろ、上手にウソをつける自分を誇りに思うようにするといいであろう。


Check!

人付き合いがうまい人は、上手にウソをつく

6章

心に巣食うトラウマが、人をタフにする

社会不安が、人の絆を強くする

周囲の人と連帯して、乗り切ろうとする

北朝鮮のミサイル発射などがあって、社会的な不安が高まっている。

世界的に見ても、テロの脅威は高まりこそすれ、一向に減っていく気配がない。このような不穏な世情では、どうしても社会的に不安が蔓延する。

社会は、何の問題もなく、平和であるほうが、当然、いいに決まっている。だれもが安心して生きていける世の中のほうが歓迎されるに決まっている。そんなのは当たり前の話だ、と思われるであろう。

けれども、社会不安にまったくの益がないのかというと、それも違う。

社会不安が高まると、私たちは、お互いに他の人に支えていてもらいたいという気持ちが強まる。つまり、人と人とのつながりや絆は強化されるのだ。

社会が平和なら、人は、自分一人でも生きていける。だれかに支えてもらう必要もない。他人とつながっていなくとも、へっちゃらである。というか、むしろ人とつながるのは面倒くさいとさえ思ってしまう。

社会が平和だと、人間関係は希薄になっていく。力を合わせて何かをしようという気持ちにならないからだ。そんな時代は、平和であっても、どこか冷たさを感じさせる。

平和なときには、お互いに挨拶もしたことがない近所の人とも、地震があったり、大雪が降ったりすると、

「いやあ～、参りましたね」

などと言葉を交わしたり、お互いに力を合わせて何かをしようとしたりする。

その意味では、社会不安が高まるような事態が起きることも、少しくらいは益があるように思える。

離婚するカップルも減る

ルイジアナ州立大学のトーニャ・ハンセルは、「不安が人の絆を強くする」という仮説を調べるため、２００１年9月11日に発生したテロ事件から２００５年までの、ニューヨークの62の郡すべての離婚統計を調べてみた。

またハンセルは、１９９１年からテロ発生までの10年間の離婚統計も調べてみたのだが、テロが起きた直後の２００２年には、発生以前の10年間に比べて、なんと離婚が25％も減

っていたのだ。２００３年から２００５年までには、驚くべきことに37・５％も離婚が減っていたという。不安を煽るような事件があると、人は、お互いに支え合いたいという気持ちが強くなり、簡単に離婚しなくなっていたのである。

平和なときと比べて、不安な状況にあるときのほうが、お互いに助け合ったり、人に親切にしてもらったりして、心が温まりやすくなるのかもしれない。

戦争体験は悲惨なことであるに違いないのに、「あの時代もそんなに悪いことばかりじゃなかった」と回顧するお年寄りがいたりするのも、人間関係の温かさを感じることも多かったためであろうと思われる。

Check! **心細くなると、人のやさしさが身にしみる**

悲惨な経験から得るものは

こんな心境の変化が訪れる

悲惨な経験は、誰にとってもトラウマとなる。

「できればしたくない」と思うのは当然だが、だからといって、悲惨な経験をすることが、まったく人間にとって役に立たないかというと、どうもそうではないらしい。

どんな経験であっても、
捉え方次第でプラスの面を見出すことができそうなのだ。

米国ポモナ・カレッジのスーザン・トンプソンは、カリフォルニア州アナハイムで発生した大火事の被害者について、火事の直後と、1年後に調査をしてみた。

その結果、火事の直後には、「これからどうしよう?」といった不安や絶望感が大きかったが、1年もすると、いろいろなメリットを感じる人が多いことが明らかになったという。


ある人は、「家族に一体感が生まれた」と感じるようになった。

火災に見舞われることで、それまで感じていなかった家族の一体感を感じることができ、素晴らしいことだと思えるようになったのである。


また、「友人や隣人のやさしさに感謝できるようになった」と答えた人もいた。

ご近所付き合いができるようになり、人と人とのつながりの大切さを学べたと答える人もいた。


さらに、「人生とは、何とかけがえのないものだろう」という大切さを学べた人もいた。

漫然と生きているうちには、人生の価値に気づくことはできなかったが、火災に見舞われたおかげで、自分の人生を見つめなおすこともできたのである。
自分より悲惨な境遇に置かれている人がいることを考えると、「自分はなんてラッキーなんだ」という気持ちが強化された、と答えた人もいた。

家族が一致団結するチャンスを得る

火災に見舞われることは、たしかに悲惨な経験だ。避けられるものなら、避けたほうがいいに決まっている。
しかし、かりにそのような事態に見舞われたとき、人は必ず絶望に打ちのめされてしまうかというと、そんなこともない。

どんなに悲惨な経験をしても、何らかの示唆を得て、立ち直ることができるのが、人間の強さなのである。

家が全焼し、住むところがなくなるのは、悲惨なことである。

けれども、バラックのような場所で、家族が一緒に寝泊まりすることになったとしても、「さあ、これから家族みんなで協力して、何とか頑張ろう!」という一体感が生まれ、前に向かって突き進もうとする強さが私たちの心には芽生えることがあるのだ。

人はそんなに弱い存在でもない。

どんなに悲惨な経験をしたとしても、ポジティブな捉え方に切り替えて、乗り越えていける強さを私たちは持っているのだ。

Check!

つらい境遇にあるときこそ、大事なものに気づける

深い心の傷を負った後でも立ち直れる

虐待を受けた人への調査でわかったこと

子どものころに、親から虐待を受けることは、まことに悲惨な経験である。

子どもは、親に対して抵抗できないことが多く、一方的に虐待を受ける。本人にとっては、ものすごく苦痛な体験であろう。しかし、虐待を受けた子どもたちが、必然的に心が歪んで、どうしようもない大人になるのかというと、そんなことはない。

ワシントン大学のカーチス・マクミレンは、154名の子どもの頃に虐待を受けた女性について調査を行った。

マクミレンは、虐待について、「まったく益はない」を0、「少しは益があった」を1、「きわめて有益であった」を2として質問した。その結果、46・8%が1か2と答えていたの

である。虐待を受けたことがよかったのだ、と前向きに受け入れていたのだ。しかも、そのうちの24%は、「きわめて有益」とさえ答えていた。

虐待を受けることで得たものは？

虐待に、メリットなどあるとは考えられないように思われるのだが、調査対象の女性たちは、数多くの有益な利点を挙げていた。

たとえば、子どもの頃に虐待を受けたことで、人間関係に慎重になったと感じた女性もいた。あるいは、自分が子どもを持ったとき、子どもを守ってあげようという強い気持ちを持つことができるようになった、と答えた女性もいた。さらには、虐待を受けたおかげで、強い性格を手に入れられた、と答えた女性もいた。

たしかに、虐待を受けることで、大変な精神的被害をこうむる人も多い。

けれども、虐待を受けたことを、より積極的に受け入れ、自分の役に立った、と感じる人も少なくないのである。

虐待を受けたという過去の事実を変えることはできない。

だが、虐待を受けた経験について、ネガティブな面に目を向けるのではなく、建設的な面に目を向けることで、心の傷を癒やす力を得たのではないかと思う。

タフに生きる力を秘めている

虐待を経験した人だけでなく、いじめやパワハラなどを受け、立ち直れないほどのショックを受けた人であっても、示唆に富む調査結果ではないかと思う。

世の中には、意地悪なヤツや陰険なヤツがゴロゴロいる。こうした輩に出会う可能性がある以上、心に傷を受けた後、立ち直るためのヒントを知っておくことには意義がある。

同時に、困難から脱して、より前向きに生きていこうとするタフさが、私たちの中に必ずあることを忘れないでほしい。

他人からのひどい仕打ちで、心にダメージを受けると、いろいろな黒い感情がわいてきて、辛い思いをするだろう。だが、その過程で疑り深さや、思慮深さを得ていくのではないか。さらには、心の傷を修復するための方法を自ら考え、適切に手当てしていくことができるようになるはずだ。

自分をさまざまな困難から守ってくれる、こうした心のシステムを信頼し、意識して活用していくことで、より充実した毎日を送っていけるはずである。ぜひ、「黒い感情」を味方につけて困難を乗り越え、人生をより充実させていってほしい。

Check!
タフに生き抜くシステムが、私たちの心には備わっている!

あとがき

本書をお読みくださったことで、読者の皆さんの心が、ちょっぴりでも軽くなってくれたのだとしたら、一生懸命に資料を調べまくった甲斐があるというものである。

今回の執筆にあたっては、特に念入りに資料を調べたつもりである。

物事には、必ず、良いところと悪いところの両面がある。

絶対的に善であるとか、絶対的に悪、ということはめったにない。

平時に人を殺すことは悪いことであるが、戦時中であれば、逆に称賛の対象になることもある。良いことと悪いことは、簡単にひっくり返るものである。

私は、皆さんがこれまでネガティブにとらえていたものを、できるだけポジティブにひっくり返して考えられるように、心理学のデータを使いながら論じてきたわけだが、少しはお役に立てたであろうか。

心が落ち込みそうになったら、何度でも本書を読み返していただきたい。

そのたびに、心にパワーが戻ってくるのではないかと思う。

最後に、ここまでずっとお付き合いくださった読者の皆さんにお礼を申し上げます。途中で放り出さずに、最後までお読みくださってありがとうございました。

人間である以上、いろいろな悩みは尽きないと思いますが、お互いに頑張りましょう。

それでは、またどこかでお目にかかることを願いながら、筆を置きます。

内藤誼人

Shalvi, S., Shenkman, G., Handgraaf, M. J. J., & De Dreu, C. K. W. 2011 The danger of unrealistic optimism: Linking caregivers' perceived ability to help victims of terror with their own secondary traumatic stress. Journal of Applied Social Psychology ,41, 2656-2672.

Smith, H. H., Goode, C., Balzarini, R., Ryan, D., & Georges, M. 2014 The cost of forgiveness: Observers prefer victims who leave unfaithful romantic partners. European Journal of Social Psychology ,44, 758-773.

Spitzberg, B. H. 1993 The dialectics of (in)competence. Journal of Social and Personal Relationships ,10, 137-158.

Thomas, G, Fletcher, G. J. O., & Lange, C. 1997 On line emphathic accuracy in marital interaction. Journal of Personality and Social Psychology ,72, 839-850.

Thompson, S. C. 1985 Finding positive meaning in a stressful event and coping. Basic and Applied Social Psychology ,6, 279-295.

Verplanken, B. 2012 When bittersweet turns sour: Adverse effects of nostalgia on habitual worriers. European Journal of Social Psychology ,42, 285-289.

Voissem, N. H., & Sistrunk, F. 1971 Communication schedule and cooperative game behavior. Journal of Personality and Social Psychology ,19, 160-167.

Watson, W. E., Minzenmayer, T., & Bowler, M. 2006 Type A personality characteristics and the effect on individual and team academic performance. Journal of Applied Social Psychology ,36, 1110-1128.

Weisskirch, R. S. 2012 Women' s adult romantic attachment style and communication by cell phone with romantic partners. Psychological Reports ,111, 281-288.

Wiltermuth, S. S., & Cohen, T. R. 2014 "I' d only let you down" : Guilt proneness and the avoidance of harmful interdependence. Journal of Personality and Social Psychology ,107, 925-942.

Wittrock, M. C., & Husek, T. R. 1962 Effect of anxiety upon retention of verbal learning. Psychological Reports ,10, 78.

Zhang, Y., & Fishbach, A. 2010 Counteracting obstacles with optimistic predictions. Journal of Experimental Psychology: General ,139, 16-31.

Paolucci, E. O., & Violato, C. 2004 A meta-analysis of the published research on the affective, cognitive, and behavioral effects of corporal punishment. Journal of Psychology ,138, 197-221.

Paulhus, D. L. 1998 Interpersonal and intrapsychic adaptiveness of trait self-enhancement: A mixed blessing? Journal of Personality and Social Psychology ,74, 1197-1208.

Perkins, A. M., & Corr, P. J. 2005 Can worriers be winners? The association between worrying and job performance.Personality and Individual Differences ,38, 25-31.

Pines, A., & Aronson, E. 1983 Antecedents, correlates, and consequences of sexual jealousy. Journal of Personality ,51, 108-136.

Resick, C. J., Whitman, D. S., Weingarden, S. M., & Hiller, N. J. 2009 The bright-side and dark side of CEO personality: Examining core self-evaluations, narcissism, transformational leadership, and strategic influence. Journal of Applied Psychology ,94, 1365-1381.

Riggio, R. E., Tucker, J, & Throckmorton, B. 1987 Social skill and deception ability. Personality and Social Psychology Bulletin ,13, 568-577.

Robinson, M. D., Johnson, J. T., & Shields, S. A. 1995 On the advantages of modesty: The benefits of a balanced self-presentation. Communication Research ,22, 575-591.

Sanna, L. J., Chang, E. C., Carter, S. E., & Small, E. M. 2006 The future is now: Prospective temporal self-appraisals among defensive pessimists and optimists. Personality and Social Psychology Bulletin ,32, 727-739.

Schaumberg, R. L., & Flynn, F. J. 2012 Uneasy lies the head that wears the crown: The link between guilt proneness and leadership. Journal of Personality and Social Psychology ,103, 327-342.

Sedikides, C., Rudich, E. A., Gregg, A. P., Kumashiro, M., & Rusbult, C. 2004 Are normal narcissists psychologically healthy?: Self-esteem matters. Journal of Personality and Social Psychology ,87, 400-416.

101-116.

Legrand, F. D., & Apter, M. J. 2004 Why do people perform thrilling activities? A study based on reversal theory. Psychological Reports , 94, 307-313.

Lord, R. G., DeVader, C. L., & Alliger, G. M. 1986 A meta-analysis of the relation between personality traits and leadership perceptions: An application of validity generalization procedures. Journal of Applied Psychology ,71, 402-410.

Martin, J. J., Pamela, A. K., Kulinna, H., & Fahlman, M. 2006 Social physique anxiety and muscularity and appearance cognitions in college men. Sex Roles ,55, 151-158.

Mathes, E. W. 1986 Jealousy and romantic love: A longitudinal study. Psychological Reports ,58, 885-886.

Matz, S. C., Gladstone, J. J., & Stillwell, D. 2016 Money buys happiness when spending fits our personality. Psychological Science ,27, 715-725.

McMillen, C., Zuravin, S., & Rideout, G. 1995 Perceived benefit from child sexual abuse. Journal of Consulting and Clinical Psychology ,63, 1037-1043.

Moore, R. S. 2005 The sociological impact of attitudes toward smoking: Secondary effects of the demarketing of smoking. Journal of Social Psychology ,145, 703-718.

Mueller, U., & Mazur, A. 1996 Facial dominance of West Point cadets as a predictor of later military rank. Social Forces ,74, 823-850.

Muise, A., & Desmarais, S. 2010 Women' s perceptions and use of "anti-aging" products. Sex Roles ,63, 126-137.

Nasco, S. A., & Marsh, K. L. 1999 Gaining control through counterfactual thinking. Personality and Social Psychology Bulletin ,25, 556-568.

Neal, A. M., & Lemay, E. P. Jr. 2014 How partners' temptation leads to their heightened commitment: The interpersonal regulation of infidelity threats. Journal of Social Personal Relationships ,31, 938-957.

Gino, F., & Ariely, D. 2012 The dark side of creativity: Original thinkers can be more dishonest. Journal of Applied Social Psychology ,102, 445-459.
Gleason, M. E. J., Iida, M., Shrout, P. E., & Bolger, N. 2008 Deceiving support as a mixed blessing: Evidence for dual effects of support on psychological outcomes. Journal of Personality and Social Psychology ,94, 824-838.
Halmburger, A., Baumert, A., & Schmitt, M. 2015 Anger as driving factor of moral courage in comparison with guilt and global mood: A multimethod approach. European Journal of Social Psychology ,45, 39-51.
Hansel, T. C., Nakonezny, P. A., & Rodgers, J. L. 2011 Did divorces decline after the attacks on the world trade center? Journal of Applied Social Psychology ,41, 1680-1700.
Henagan, S. C., & Bedeian, A. G. 2009 The perils of success in the workplace: Comparison target responses to coworkers' upward comparison threat. Journal of Applied Social Psychology ,39, 2438-2468.
Impett, E. A., Strachman, A., Finkel, E. J., & Gable, S. L. 2008 Maintaining sexual desire in intimate relationships: The importance of approach goals. Journal of Personality and Social Psychology ,94, 808-823.
Kalliopuska, M. 2008 Personality variables related to shyness. Psychological Reports ,102, 40-42.
Kasser, T., & Ryan, R. M. 1993 A dark side of the American dream: Correlates of financial success as a central life aspiration. Journal of Personality and Social Psychology ,65, 410-422.
Ketelaar, T., & Au, W. T. 2003 The effects of feeling of guilt on the behaviour of uncooperative individuals in repeated social bargaining games: An affect-as-information interpretation of the role of emotion in social interaction. Cognition and Emotion ,17, 429-453.
Krys, K. et al. 2016 Be careful where you smile: Culture shapes judgments of intelligence and honesty of smiling individuals. Journal of Nonverbal Behavior ,40,

Chu, A. H. C., & Choi, J. N. 2005 Rethinking procrastination: Positive effects of "active" procrastination behavior on attitude and performance. Journal of Social Psychology ,145, 245-264.

Dillard, A. J., Midboe, A. M., & Klein, W. M. P. 2009 The dark side of optimism: Unrealistic optimism about problems with alcohol predicts subsequent negative event experiences. Personality and Social Psychology Bulletin ,35, 1540-1550.

DiPaula, A., & Campbell, J. D. 2002 Self-esteem and persistence in the face of failure. Journal of Personality and Social Psychology ,83, 711-724.

Duckworth, A. L., Peterson, C., Matthews, M. D., & Kelly, D. R. 2007 Grit: Perseverance and passion for long-term goals. Journal of Personality and Social Psychology ,92, 1087-1101.

Duncan, E., & Sheffield, D. 2008 Diary keeping and well-being. Psychological Reports ,103, 619-621.

Felmlee, D. H. 1995 Fatal attractions: Affection and disaffection in intimate relationships. Journal of Social and Personal Relationships ,12, 295-311.

Fointiat, V., Morisot, V., & Pakuszewski, M. 2008 Effects of past transgressions in an induced hypocrisy paradigm. Psychological Reports ,103, 625-633.

Frankel, A., & Snyder, M. L. 1978 Poor performance following unsolvable problems: Learned helplessness or egotism? Journal of Personality and Social Psychology ,36, 1415-1423.

Galili, L., Amir, O., & Gilboa-Schechtman, E. 2013 Acoustic properties of dominance and request utterances in social anxiety. Journal of Clinical Psychology ,32, 651-673.

Gasper, K., & Clore, G. L. 1998 The persistent use of negative affect by anxious individuals to estimate risk. Journal of socialland Personality and Social Psychology ,74, 1350-1363.

Geers, A. L., Wellman, J. A., & Lassiter, G. D. 2009 Dispositional optimism and engagement: The moderating influence of goal prioritization. Journal of Personality and Social Psychology ,96, 913-932.

参考文献

Baker, S. L., & Kirsch, I. 1991 Cognitive mediators of pain perception and tolerance. Journal of Personality and Social Psychology ,61, 504-510.

Bauer, I., & Wrosch, C. 2011 Making up for lost opportunities: The protective role of downward social comparisons for coping with regrets across adulthood. Personality and Social Psychology Bulletin ,37, 215-228.

Baumeister, R. F., Smart, L., & Boden, J. M. 1996 Relation of threatened egotism to violence and aggression: The dark side of high self-esteem. Psychological Review ,103, 5-33.

Baumeister, R. F., & Tice, D. M. 1985 Self-esteem and responses to success and failure: Subsequent performance and intrinsic motivation. Journal of Personality ,53, 450-467.

Bonanno, G. A. 2004 Loss, trauma, and human resilience:Have we underestimated the human capacity to thrive after extremely. American Psychologist ,59, 20-28.

Brandstatter, E., & Schwarzenberger, H. 2001 Beyond the gambling paradigm: Internal controllability in decision making. Psychological Reports ,89, 259-266.

Britt, D. M., Cohen, L. M., Collins, F. L., & Cohen, M. L. 2001 Cigarette smoking and chewing gum: Responses to a laboratory-induced stressor. Health Psychology ,20, 361-368.

Burak, L. J., Rosenthal, M., & Richardson, K. 2013 Examining attitudes, beliefs, and intentions regarding the use of exercise as punishment in physical education and sport: An application of the theory of reasoned action. Journal of Applied Social Psychology ,43, 1436-1445.

Carlsmith, J. M., & Gross, A. E. 1969 Some effects of guilt on compliance. Journal of Personality and Social Psychology ,11, 232-239.

Carton, A. M., & Aiello, J. R. 2009 Control and anticipation of social interruptions: Reduced stress and improved task performance. Journal of Applied Social Psychology ,39, 169-185.

〈著者紹介〉

内藤 誼人（ないとう よしひと）

心理学者。立正大学客員教授。慶應義塾大学社会学研究科博士課程修了。アンギルド代表取締役。社会心理学の知見をベースに、ビジネスを中心とした実践的分野への応用に力を注ぐ心理学系アクティビスト。

主な著書に、『「人たらし」のブラック交渉術』『ビビらない技法』（大和書房）、『ジョジョの奇妙な冒険が教えてくれる最強の心理戦略』（かんき出版）、『リーダーのための『貞観政要』超入門』（水王舎）などがある。

「心の闇《ヤミ》」をパワーに変える心理術

2018年3月20日　第1刷発行

著　者――内藤誼人

発行者――徳留慶太郎

発行所――株式会社すばる舎

〒170-0013 東京都豊島区東池袋3-9-7 東池袋織本ビル
TEL　03-3981-8651（代表）　03-3981-0767（営業部）
振替　00140-7-116563
http://www.subarusya.jp/

印　刷――中央精版印刷株式会社

落丁・乱丁本はお取り替えいたします

ISBN978-4-7991-0676-1